Resilienzförderung und Prävention sexualisierter Gewalt in Kitas

Simone Pfeffer
Christina Storck

Resilienzförderung und Prävention sexualisierter Gewalt in Kitas

Das „ReSi"-Förderprogramm

unter Mitarbeit von
Jennifer Hansen
Julia Feldmann

GEFÖRDERT VOM

Prof. Dr. Simone Pfeffer, geb. 1962. 1985–1989 Studium der Soziologie an der Freien Universität Berlin. 1989–2010 Dozentin und Projektleiterin u. a. im JA Berlin-Wedding, JA Erlangen, JA Nürnberg und an der FAU Erlangen-Nürnberg. 2008 Promotion an der FAU Erlangen-Nürnberg. Seit 2010 Professorin für Soziologie in der Sozialen Arbeit an der Technischen Hochschule Nürnberg Georg Simon Ohm mit den Schwerpunkten Bildungssoziologie, Medizinsoziologie, Familiensoziologie, Soziologie der Kindheit, Prävention, Resilienz, Förderung von sozial-emotionalen Kompetenzen bei Kindern.

Prof. Dr. Christina Storck, geb. 1971. 1991–1996 Studium der Psychologie an der Otto-Friedrich-Universität Bamberg. 2004 Promotion. 2004–2009 Leiterin des Bereichs Evaluation und wissenschaftliche Begleitung beim Verein Programm Klasse2000 e.V. in Nürnberg. Seit 2009 Professorin für Psychologie in der Sozialen Arbeit an der Technischen Hochschule Nürnberg Georg Simon Ohm mit den Schwerpunkten Allgemeine und Pädagogische Psychologie, Forschungsmethoden sowie Gesundheitsförderung und Prävention bei Kindern und Jugendlichen.

Wichtiger Hinweis: Der Verlag hat gemeinsam mit den Autoren bzw. den Herausgebern große Mühe darauf verwandt, dass alle in diesem Buch enthaltenen Informationen (Programme, Verfahren, Mengen, Dosierungen, Applikationen, Internetlinks etc.) entsprechend dem Wissensstand bei Fertigstellung des Werkes abgedruckt oder in digitaler Form wiedergegeben wurden. Trotz sorgfältiger Manuskripterstellung und Korrektur des Satzes und der digitalen Produkte können Fehler nicht ganz ausgeschlossen werden. Autoren bzw. Herausgeber und Verlag übernehmen infolgedessen keine Verantwortung und keine daraus folgende oder sonstige Haftung, die auf irgendeine Art aus der Benutzung der in dem Werk enthaltenen Informationen oder Teilen davon entsteht. Geschützte Warennamen (Warenzeichen) werden nicht besonders kenntlich gemacht. Aus dem Fehlen eines solchen Hinweises kann also nicht geschlossen werden, dass es sich um einen freien Warennamen handelt.

Bibliografische Information der Deutschen Nationalbibliothek
Die Deutsche Nationalbibliothek verzeichnet diese Publikation in der Deutschen Nationalbibliografie; detaillierte bibliografische Daten sind im Internet über http://dnb.dnb.de abrufbar.

Das Werk einschließlich aller seiner Teile ist urheberrechtlich geschützt. Jede Verwertung außerhalb der engen Grenzen des Urheberrechtsgesetzes ist ohne Zustimmung des Verlags unzulässig und strafbar. Das gilt insbesondere für Vervielfältigungen, Übersetzungen, Mikroverfilmungen und die Einspeicherung und Verarbeitung in elektronischen Systemen.

Hogrefe Verlag GmbH & Co. KG
Merkelstraße 3
37085 Göttingen
Deutschland
Tel. +49 551 999 50 0
Fax +49 551 999 50 111
verlag@hogrefe.de
www.hogrefe.de

Umschlagabbildung: © iStock.com by Getty Images/monkeybusinessimages
Illustrationen: © Tasso Beuschel, Höchstadt. www.tasso-beuschel.de
Satz: Mediengestaltung Meike Cichos, Göttingen
Druck: Media-Print Informationstechnologie GmbH, Paderborn
Printed in Germany
Auf säurefreiem Papier gedruckt

1. Auflage 2018
© 2018 Hogrefe Verlag GmbH & Co. KG, Göttingen
(E-Book-ISBN [PDF] 978-3-8409-2865-9; E-Book-ISBN [EPUB] 978-3-8444-2865-0)
ISBN 978-3-8017-2865-6
http://doi.org/10.1026/02865-000

Inhaltsverzeichnis

Einführung: Hintergrund und Zielsetzung des Buchs		9
1	„Resilienz und Sicherheit (ReSi)" – Resilienzförderung und Prävention sexualisierter Gewalt im Kindergarten	11
2	Zum Verständnis von Prävention, Gesundheitsförderung und Bildung	14
3	Theoretischer Hintergrund von „Resilienz und Sicherheit (ReSi)"	16
3.1	Resilienz	16
3.1.1	Was ist Resilienz?	18
3.1.2	Risiko- und Schutzfaktoren	20
3.1.3	Einfluss von Beziehungen auf die Entwicklung von Resilienz	24
3.1.4	Erklärungsmodelle zu Resilienz: Wie wirken Risiko- und Schutzfaktoren zusammen?	25
3.1.5	Wie wird Resilienz gemessen?	26
3.1.6	Resilienz- und Kompetenzförderung als Bildungsziele im Elementarbereich	28
3.2	Sicherheit	30
3.2.1	Schutzrechte für Kinder	30
3.2.2	Sexualisierte Gewalt: Begriffliche Unterscheidungen für die pädagogische Praxis	31
3.2.3	Informationen zu den Betroffenen	34
3.2.4	Informationen zu den Tätern oder Täterinnen und deren Strategien	37
3.2.5	Folgen von sexualisierter Gewalt	39
3.2.6	Grundsätze im Umgang mit Verdachtsfällen	40
3.2.7	Kindliche Sexualität und Übergriffe unter Kindern	43
4	Das ReSi-Förderprogramm für Kinder: Konzeption, Evaluation und Anwendung in der Praxis	48
4.1	Konzeption des ReSi-Förderprogramms	48
4.1.1	Bildungsauftrag und Kompetenzerwerb in Kindertageseinrichtungen	48

4.1.2	Kompetenzbereiche im ReSi-Förderprogramm für Kinder	49
4.1.2.1	Emotionale Kompetenzen	49
4.1.2.2	Körperbezogene Kompetenzen	50
4.1.2.3	Soziale Kompetenzen	50
4.1.2.4	Sprachlich-erzählerische Kompetenzen	51
4.1.3	Aufbau des ReSi-Förderprogramms	52
4.2	Evaluation des ReSi-Förderprogramms für Kinder	53
4.2.1	Was wissen wir zur Wirkung von Präventions- und Förderprogrammen?	54
4.2.2	Die wissenschaftliche Begleitstudie zum ReSi-Förderprogramm	55
4.2.2.1	Untersuchungsdesign	56
4.2.2.2	Darstellung der Ergebnisse	60
4.3	Anregungen zum Einsatz des ReSi-Förderprogramms in der Praxis	62
5	**Praxismaterialien**	**66**
5.1	Gefühle	68
5.1.1	Katzengesichter	68
5.1.2	Bildergeschichten mit Resi und Ralf: „Der Ausflug" und „Ralf hat Angst"	70
5.1.3	Spiele mit dem Gefühlswürfel	73
5.1.4	Gefühlsgeschichten mit der Handpuppe Resi	75
5.1.5	Gefühlsmemo	77
5.1.6	Fels in der Brandung	79
5.1.7	Nachrichtensprecher	81
5.1.8	Gefühle-Lied: „Auf der Mauer, auf der Lauer"	83
5.1.9	Gefühle im Spiegel	85
5.1.10	Gefühle-Uhr	87
5.1.11	Ich-bleibe-ruhig-Mikado	89
5.2	Körper	91
5.2.1	Mich hat ein Schnupf gestupst	91
5.2.2	Bildergeschichten mit Resi und Ralf: „Resi ist krank"	92
5.2.3	Körperumriss	94
5.2.4	Waschstraße	95
5.2.5	Von der Natur gestreichelt	97
5.2.6	Verstopfung an der Fußgängerampel	98
5.2.7	Katzenentspannung	99
5.2.8	Körper-Lied: „Katze Resi hat zwei Ohren"	101
5.2.9	Der Faxenmax	104
5.2.10	Wetter auf der Haut spüren	106
5.2.11	Bewegte Statuen	108

5.3	Beziehungen	110
5.3.1	Menschen, die ich mag	110
5.3.2	Bildergeschichten mit Resi und Ralf: „Ralf und Resi streiten sich", „Tante Trude und Onkel Oskar" und „Schusselige Resi"	112
5.3.3	Das Kitzel-Tobe-Spiel	117
5.3.4	Streng geheim?	120
5.3.5	Wie kann ich „nein" und wie kann ich „ja" sagen?	123
5.3.6	Gegenverkehr über der Schlangengrube	125
5.3.7	Wie sage ich es, wenn mich etwas stört?	127
5.3.8	Resi hat schlechte Laune	129
5.3.9	Entspannung mit Naturmaterialien	132
5.3.10	Fliegendes Ei	134
5.3.11	Walderlebnistour mit Resi	136
5.4	Erzählen	139
5.4.1	„Erzähl es!"	139
5.4.2	Erzählen mit Kamishibai	143
5.4.3	Erzähltheater	146
5.5	Übersicht: Welche Kompetenzbereiche werden in welcher Übung gefördert?	149

Literatur **152**

Anhang **161**

Einführung: Hintergrund und Zielsetzung des Buchs

In den vergangenen Jahren sind zwei Themenfelder zunehmend in die öffentliche Wahrnehmung gerückt, die die Grundlage des vorliegenden Buches bilden. Zum einen hat die frühkindliche Bildung enormen Aufschwung erfahren, was unter anderem als eine Folge der für Deutschland wenig zufriedenstellenden Ergebnisse der PISA-Tests seit 2000 anzusehen ist. Zum anderen wird die Problematik des sexuellen Kindesmissbrauchs durch umfassende Aufdeckungsprozesse, durch Kampagnen und engagierten Einsatz verschiedenster Akteure inzwischen verstärkt öffentlich wahrgenommen. Dies ist mit unterschiedlichsten Bemühungen hinsichtlich Forschung, Intervention und Prävention verbunden.

Als Ergebnis eines durch das Bundesministerium für Bildung und Forschung geförderten Forschungsprojekts soll hier nun mit „Resilienz und Sicherheit (ReSi)" ein positiv evaluiertes Konzept für die pädagogische Praxis vorgestellt werden, dass als Bildungs- und Präventionskonzept Resilienz und Sicherheit im Kindergarten fördert. Es kann als allgemeines Bildungskonzept zur Unterstützung von Lebenskompetenzen und damit zu grundlegenden Bildungsprozessen im frühkindlichen Bereich eingesetzt werden. Zusätzlich wird in einigen Übungen der Aufbau von Schutzfaktoren gefördert, die sich auf die Prävention von sexualisierter Gewalt beziehen. Das Konzept trägt auf diese Weise allgemeinen Bildungszielen im Kindergarten Rechnung und integriert zusätzlich spezifische Aspekte, die in der Prävention sexualisierter Gewalt von Bedeutung sind. Bei Kindern im Alter von drei bis sechs Jahren steht die Förderung von Basiskompetenzen im Vordergrund, auf die in späteren Jahren dann spezifischer aufgebaut werden kann.

Darüber hinaus ist es uns wichtig zu betonen, dass die Verantwortung für den Schutz von Kindern immer bei den erwachsenen Bezugspersonen liegt. Um dies zu unterstützen werden in dem vorliegenden Konzept daher auch grundlegende Informationen zu sexualisierter Gewalt gegen Kinder vermittelt, die Fachkräfte und andere Bezugspersonen für die Thematik sensibilisieren und ihnen den Umgang damit im Verdachtsfall erleichtern sollen.

In den Kapiteln 1 bis 4 des vorliegenden Buchs finden Sie Informationen zum theoretischen Hintergrund, zur Zielsetzung, zum Aufbau sowie zur Durchführung und Evaluation des Konzepts „Resilienz und Sicherheit (ReSi)". Dieser Teil ist insbesondere dann bedeutsam, wenn ReSi als Baustein eines integrierten Schutzkonzepts zur Prävention sexualisierter Gewalt in der Einrichtung eingesetzt werden soll.

Ebenso ist es möglich, das ReSi-Förderprogramm für Kinder in der Praxis als Bildungsprogramm zur Kompetenzförderung einzusetzen. Hierfür ist ein direkter Einstieg mit dem Kapitel 5 möglich, in dem die Praxismaterialien manualisiert bereitgestellt werden. Auf der beiliegenden CD-ROM finden Sie Materialien zum Ausdruck, die für die Übungen benötigt werden. Eine genaue Auflistung der Materialien auf der CD-ROM finden Sie im Anhang (S. 163). Dort werden auch mögliche Bezugsquellen der im Programm vorgeschlagenen Materialien (Handpuppe, Gefühlswürfel) genannt.

Zur Entwicklung und Evaluation des Konzepts „Resilienz und Sicherheit (ReSi)" haben viele Personen beigetragen. Unser Dank gilt hier zunächst den beteiligten Kitas und Fachberatungsstellen in Nürnberg und Umgebung, die mit ihrem Engagement die Entwicklung und Ergebnisse erst möglich gemacht haben. Darüber hinaus danken wir auch den wissenschaftlichen Mitarbeiterinnen Julia Feldmann und Jennifer Hansen, dem Grafiker Tasso Beuschel sowie den studentischen Hilfskräften und Studierenden der Technischen Hochschule Nürnberg Georg Simon Ohm, die mit großem Einsatz am Gelingen des Projekts beteiligt waren. Für wertvolle Impulse und Diskussionen danken wir den Mitgliedern des wissenschaftlichen Beirats Prof. Dr. Johannes Bach, Prof. Dr. Pia Bienstein, Sabine Böhm, Renate Schwarz, Annegret Steiger, Dr. Johannes Streif, Dr. Timothy Tisdale und Brigitte Wolf.

Nürnberg, April 2018

Simone Pfeffer und *Christina Storck*

1 „Resilienz und Sicherheit (ReSi)" – Resilienzförderung und Prävention sexualisierter Gewalt im Kindergarten

Bei dem vorliegenden Förderprogramm für Kinder im Alter von 3 bis 6 Jahren handelt es sich um einen Baustein eines integrierten Gesamtkonzepts zur Prävention sexualisierter Gewalt in Kindertageseinrichtungen. Es wurde unter dem Titel „ReSi – Resilienz und Sicherheit" im Rahmen eines vom Bundesministerium für Bildung und Forschung (BMBF) geförderten Forschungsprojekts (Förderkennzeichen 01SR 1205) entwickelt, erprobt und auf Wirksamkeit überprüft. Kindzentrierte Ansätze zur Prävention sexualisierter Gewalt stützen sich – wie auch Ansätze zur Suchtprävention, Gewaltprävention oder zur Prävention psychischer Störungen – auf den Ansatz der Lebenskompetenzförderung (World Health Organization (WHO), 1994). Dieser zielt darauf ab, Kinder und Jugendliche zu stärken und sie in der Ausbildung zentraler persönlicher und sozialer Fähigkeiten zu fördern. Dadurch soll Resilienz bei Kindern gestärkt werden (Fthenakis, 2005; Wustmann, 2009), um ihre Widerstandskraft bei belastenden Lebensereignissen zu erhöhen und ihre gesunde Entwicklung zu unterstützen (Bengel & Lyssenko, 2012). Dieser universelle Ansatz der Kompetenzförderung wird dann mit spezifischen Elementen (z. B. Informationen über psychotrope Substanzen im Bereich der Suchtprävention) kombiniert.

Ähnlich gestaltet es sich im Bereich der Prävention sexualisierter Gewalt: Die Förderung sozial-emotionaler Kompetenzen wird häufig verbunden mit der Vermittlung von Körperwissen und -wortschatz und Inhalten, die Kinder darin unterstützen, sexuellen Missbrauch zu erkennen und sich Hilfe zu holen. Gleichzeitig ist in dem Bewusstsein, dass der Schutz von Kindern im Verantwortungsbereich von Erwachsenen im Umfeld des Kindes liegt und Kinder alleine nicht dazu in der Lage sind, Übergriffe zu erkennen oder gar zu beenden, eine Sensibilisierung und Stärkung der Schutzfunktion von Erwachsenen erforderlich (Kindler, 2003).

Hieraus ergeben sich zwei Konsequenzen für die Konzeption von kindbezogenen Präventionsansätzen: Zum einen sollte die Förderung von Lebenskompetenzen und eine altersgemäße, alltagsbezogene Vermittlung von Fähigkeiten, die sich als hilfreich in Bezug auf Selbstschutz herausgestellt haben, möglichst frühzeitig erfolgen. Hierfür erscheint das Setting Kindergarten ideal, da es ermöglicht, viele Kinder unabhängig von ihrem sozialen und kulturellen Hintergrund frühzeitig zu erreichen. Zum anderen ist der Auf- und Ausbau von schützenden Strukturen durch die Qualifizierung von Erwachsenen (pädagogische Fachkräfte, Eltern) im Umfeld von Kindern erforderlich, um Kinder vor sexuellen Übergriffen zu schützen.

Das Gesamtkonzept von „ReSi" setzt daher an zwei Ebenen an (vgl. Abb. 1): Es besteht zum einen aus dem Förderprogramm für Kinder im Alter von 3 bis 6 Jahren („Resilienz") und zum anderen aus einem Fortbildungsangebot für pädagogische Fachkräfte zur Stärkung ihrer Schutzfunktion, zum sicheren Umgang mit Verdachtssituationen („Sicherheit"). Zentral ist dabei auch die thematische Elternarbeit. Studien können zeigen, dass Eltern häufig über unrichtige Vorstellungen bzw. ein lückenhaftes Wissen über sexuellen Missbrauch verfügen und sich Unterstützung durch Kindergarten und Schule wünschen (AMYNA e.V., 2011). Eine Weiterqualifizierung des Fachpersonals von Kindertageseinrichtungen beinhaltet auch die Vernetzung mit externen Fachkräften und spezialisierten Fachstellen.

Das ReSi-Förderprogramm für Kinder ist mit einigen spezifischen Übungen direkt auf die Stärkung von Schutzfaktoren zur Prävention sexualisierter Gewalt zugeschnitten (z.B. durch die Vermittlung von Sicherheitsregeln). Der überwiegende Teil der Übungen zielt jedoch darauf ab, eine gesunde psychische und soziale Entwicklung der Kinder zu unterstützen und weist somit unabhängig vom präventiven Hintergrund enge Bezüge zu zentralen Bildungszielen in Kindertageseinrichtungen auf.

Damit bestehen zwei Möglichkeiten des Einsatzes des Förderprogramms: Zum einen kann ein Einsatz des Programms in der Kindertageseinrichtung das univer-

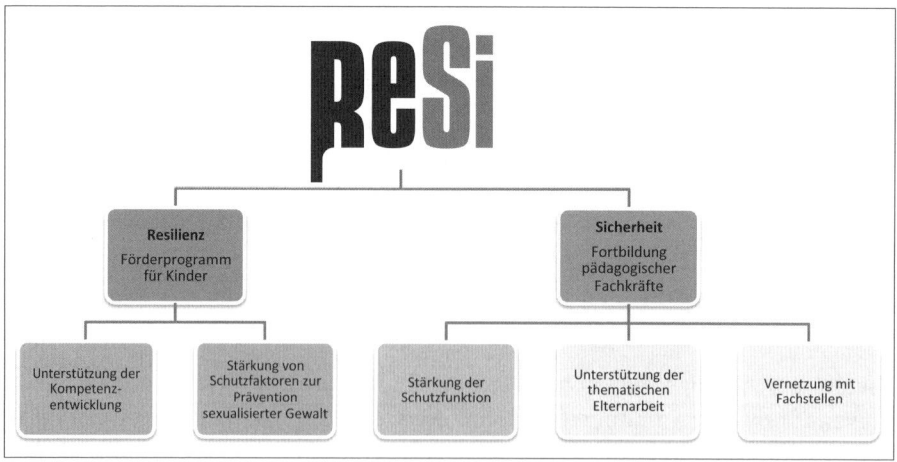

Abbildung 1: Kind- und erwachsenenbezogener Ansatz bei der Prävention sexualisierter Gewalt

selle Ziel verfolgen, die *Kompetenzentwicklung der Kinder im sozial-emotionalen, körperbezogenen und sprachlich-erzählerischen Bereich* zu fördern und damit zentrale Bildungsziele der frühkindlichen Förderung zu unterstützen. Zum anderen kann das Förderprogramm als *Baustein zum Schutz gegen sexualisierte Gewalt* im Rahmen eines integrierten Gesamtkonzepts der Einrichtung unter Einbezug des pädagogischen Teams und einer thematischen Elternarbeit eingesetzt werden.

Die Bezugsquellen und Druckvorlagen der für die Durchführung des Förderprogramms benötigten Materialien befinden sich auf der beiliegenden CD-ROM.

2 Zum Verständnis von Prävention, Gesundheitsförderung und Bildung

Mit Prävention wird die Vorbeugung von Erkrankungen bezeichnet, wobei sich die Maßnahmen auf alle Menschen (universelle Prävention), auf Risikogruppen (selektive Prävention) oder auf Personen mit bereits manifesten Problemen (indizierte Prävention) richten können. Vom Präventionsbegriff lässt sich der Begriff der Gesundheitsförderung abgrenzen. Die konzeptionelle Grundlage für die Theorie und Praxis der Gesundheitsförderung bildet die WHO-Definition von Gesundheit (WHO, 1946), die Gesundheit als vollständiges körperliches, geistiges und soziales Wohlbefinden bezeichnet. Diese Definition war wegweisend durch ihr positives Gesundheitsverständnis, nach dem Gesundheit mehr als die bloße Abwesenheit von Krankheit ist, und durch die Erweiterung des Gesundheitsbegriffs um die psychische und die soziale Dimension. Gesundheitsförderung soll Menschen in ihren alltäglichen Lebenszusammenhängen erreichen und wendet sich dabei an alle Menschen einer bestimmten Gruppe (z.B. einer Kindertageseinrichtung). Eine aktive Gestaltung von Lebenswelten und Lebensräumen wie Kindergarten und Schule (Setting-Ansatz; WHO, 1986) sowie eine Förderung der Persönlichkeitsentwicklung und die Ausbildung von sozial-emotionalen Kompetenzen bei Kindern und Jugendlichen stehen dabei im Mittelpunkt.

Prävention und Gesundheitsförderung im Vorschulalter setzt sich zum Ziel, Kinder zu „rüsten", um sie auf ihrem weiteren Lebensweg so gut wie möglich vor körperlichen und psychischen Schädigungen zu bewahren. Der Stand der Forschung zeichnet inzwischen ein einheitliches Bild: Ein bewährtes Konzept zur Prävention von Sucht, Gewalt, psychischen Störungen und verhaltensbezogenen körperlichen Gefährdungen besteht darin, Kinder möglichst frühzeitig in der Entwicklung ihrer Kompetenzen zu fördern. Eine Förderung versteht sich als eine sensible Begleitung von Lernerfahrungen in unterschiedlichen Bereichen. Das WHO Konzept der Lebenskompetenzen (WHO, 1994) umfasst den Umgang mit Emotionen, das Führen von Beziehungen, Kommunikation sowie körperbezogene Kompetenzen der Entspannung und Stressregulation. Die Kompetenzförderung von Kindern setzt immer auch eine Auseinandersetzung mit Werten voraus. Sie versteht sich durch die Ausbildung sozial-emotionaler und körperbezogener Kompetenzen im Sinne eines multidimensionalen Gesundheitsverständnisses immer auch als Gesundheitsförderung. Kompetenzen werden gefördert, indem Kinder beobachtet und interaktiv begleitet werden. Es werden Lernimpulse gesetzt, indem Kinder ermutigt werden, andere zu beobachten, etwas Neues auszuprobieren und Erfahrungen zu sammeln. Somit ist jedes Präventionsprogramm gleichzeitig auch ein Bildungsprogramm.

3 Theoretischer Hintergrund von „Resilienz und Sicherheit (ReSi)"

In der aktuellen Debatte um frühkindliche Erziehung und Bildung steht die Qualität der Bildungsangebote im Mittelpunkt. Ein Qualitätskriterium präventiver Maßnahmen ist ihr wissenschaftlicher Hintergrund. Programme sollten inhaltlich wie methodisch an wissenschaftlichen Erkenntnissen ausgerichtet sein. In diesem Zusammenhang spricht man von einer „research based practice". Dabei baut die Konzeption eines Programms auf dem aktuellen Forschungsstand auf. Vor diesem Hintergrund sollen einführend die wissenschaftlichen Grundlagen von „Resilienz und Sicherheit (ReSi)" dargestellt werden, so dass die Ausrichtung, der inhaltliche Aufbau und das methodisch-didaktische Konzept durch aktuelle Theorien und Befunde der Präventionsforschung nachvollziehbar begründet werden.

3.1 Resilienz

Das Konzept der Resilienz hat sich in den letzten Jahrzehnten zunehmend entwickelt und verbreitet. Hintergrund ist ein Perspektivwechsel in den Humanwissenschaften, die sich stärker der Erforschung von Ressourcen und Schutzfaktoren zuwandten.

Angeregt wurde diese Entwicklung unter anderem durch die Arbeiten von Aaron Antonovsky zur Gesundheitsentstehung und Stressbewältigung und seinem Salutogenese-Konzept (1997) sowie durch die Längsschnittstudie auf Kauai von Emmy Werner (2008) zu Auswirkungen von risikoreichen Lebensbedingungen in der frühen Kindheit und der Entwicklung zu kompetenten bzw. weniger kompetenten Erwachsenen. Diese Studie wird auch als Pionierstudie zur Resilienz bezeichnet. Daher werden ausgewählte Ergebnisse aus der Kauai-Studie hier in einem Exkurs vorgestellt.

Im Resilienzkonzept ist der Fokus auf die konstruktive Bewältigung von Stress- und Risikosituationen gerichtet, während zuvor eher Anpassungs- oder Bewältigungsprobleme im Vordergrund standen. Es hat sich also ein Wandel von der Orientierung auf Defizite hin zu einer Orientierung auf personale und soziale Ressourcen, Kompetenzerwerb und Empowerment vollzogen.

Dieser Perspektivwechsel findet sich im Bereich der Prävention wieder und die ressourcenorientierte Perspektive liegt auch dem hier beschriebenen Kompetenzförderprogramm zugrunde.

Exkurs: Entwicklung des Resilienzkonzepts – Die Kauai-Studie

Die wesentlichen Faktoren der Resilienz wurden unter anderem aus der sogenannten Pionierstudie zur Resilienz entwickelt, einer Längsschnittstudie unter der Leitung von Emmy Werner und Ruth Smith auf der Hawaiianischen Insel Kauai. Dabei wurde ein kompletter Geburtsjahrgang von 1955 mit 698 Kindern über 40 Jahre hinweg begleitet. Es wurden Daten mit jeweils 1, 2, 10, 18, 32 und 40 Jahren erfasst und anschließend verglichen.

Ausgewählte Ergebnisse der Studie:

Bei rund einem Drittel der untersuchten Kinder lag ein hohes Entwicklungsrisiko durch vier und mehr Risikobedingungen wie Armut, Geburtskomplikationen, geringes Bildungsniveau der Eltern, elterliche Psychopathologie oder chronische familiäre Disharmonie vor. Bei zwei Dritteln dieser Kinder mit hohem Entwicklungsrisiko waren im Verlauf ihrer Entwicklung Lern- und Verhaltensstörungen beobachtbar, das verbleibende Drittel dagegen entwickelte sich trotz der erheblichen Risikobelastung zu zuversichtlichen, selbstsicheren und leistungsfähigen Erwachsenen. Diese Gruppe wurde als resilient bezeichnet.

Im Säuglingsalter wurden resiliente Kinder als sehr aktiv, liebevoll und sozial aufgeschlossen charakterisiert, sie waren anpassungsfähig an neue Situationen, kontaktfreudiger, emotional ausgeglichener und fröhlicher im Vergleich zu den anderen, weniger resilienten Kindern.

Im Kleinkindalter wirkten sie selbstständiger, selbstbewusster und unabhängiger. Ihre Kommunikations- und Bewegungsfähigkeiten waren weiter entwickelt, sie hatten gute Selbsthilfefertigkeiten, konnten aber auch Hilfe erbitten, wenn es ihnen notwendig erschien.

Im Alter von 10 Jahren verfügten die resilienten Kinder über bessere Problemlöse- und Kommunikationsfähigkeiten und über ein positiveres Selbstkonzept. Die Haltung in Problemsituationen war eher proaktiv, d.h. sie waren aktiv um eine Problemlösung bemüht und nutzten ihre eigenen Fähigkeiten und Ressourcen effektiv aus, während andere sich eher reaktiv verhielten. Die resilienten Kinder besaßen Selbstwirksamkeitsüberzeugungen mit der Folge, dass sie sich die Bewältigung eines gewissen Schwierigkeitsniveaus zutrauten und entsprechend handelten und dadurch ihre Fähigkeiten weiterentwickelten, während andere, weniger resiliente Kinder für sie schwierig erscheinende Situationen eher mieden.

Im Jugendalter zeigten die resilienten Kinder eine höhere Sozialkompetenz, sie waren verantwortungsbewusster, selbstständiger und zielorientierter als nicht resiliente Jugendliche. Sie hatten mehr Konfliktlösefähigkeiten, mehr Selbstvertrauen in die eigenen Fähigkeiten und mehr Zuversicht und zeigten mehr Empathie und Hilfsbereitschaft. Viele mussten Zuhause mithelfen und möglicherweise hat die frühe Verantwortungsübernahme die Entwicklung von Selbstwirksamkeit und Ausdauer begünstigt. Oft hatten sie ein Hobby, das Sinn und Trost spendete.

Die meisten resilienten Kinder hatten die Möglichkeit, eine enge, positiv-emotionale und stabile Beziehung zu mindestens einer Bezugsperson aufzubauen, die adäquat auf die Bedürfnisse des Kindes einging, das dadurch ein sicheres Bindungsmuster entwickeln konnte. Das Erziehungsklima war von Wertschätzung, Respekt, Akzeptanz und Sicherheit im Erziehungsverhalten geprägt.

Viele resiliente Kinder verfügten auch außerhalb ihrer Familie über Quellen emotionaler und sozialer Unterstützung. Diese Personen unterstützten einerseits und dienten andererseits auch als Modell für konstruktives Bewältigungsverhalten und für prosoziale Handlungsweisen. Beispiele dafür sind positive Freundschaftsbeziehungen, unterstützende Kontakte in der Nachbarschaft, positive Erfahrungen in Bildungseinrichtungen und Ressourcen auf kommunaler Ebene (Werner, 2008, 2011; Wustmann, 2009; Bengel et al., 2009).

3.1.1 Was ist Resilienz?

Der Begriff Resilienz oder Widerstandsfähigkeit ist dem englischen „resilience" entlehnt, was mit Spannkraft, Elastizität oder Strapazierfähigkeit zu übersetzen ist und auf das lateinische „resilire – zurückspringen, abprallen" zurückgeht. Resilienz bezeichnet die Fähigkeit, erfolgreich mit belastenden Lebensumständen umzugehen. In vergleichbarer Weise werden auch die Begriffe Stressresistenz, Invulnerabilität oder psychische Robustheit verwendet (Wustmann-Seiler, 2014).

In disziplinübergreifender Sicht kann Resilienz als „Toleranz oder Widerstandskraft von Systemen gegenüber Störungen" (Bengel & Mack, 2015, S. 32) verstanden werden. Resilienz beschreibt also eine Bewältigungskompetenz.

Ansätze der Definition und Konzeptualisierung von Resilienz sind unterschiedlich. Unter dem Begriff werden „zugleich der Prozess der Anpassung an die belastenden Umstände und Ereignisse als auch dessen positives Ergebnis thematisiert" (Bender & Lösel, 2016, S. 80). Steht der Umgang mit Stressoren im Mittelpunkt der Definition, kann Resilienz als Stressresistenz, schnelle Regenerationsfähigkeit oder Rekonfiguration verstanden werden. Auf ein Individuum bezogen bleibt beim Verständnis von Resilienz als Stressresistenz das psychische Funktionsniveau auch unter Belastung erhalten, Resilienz als Regenerationsfähigkeit meint, dass ein Individuum nach einer kurzen, durch Stressoren bedingten Belastungsphase wieder zum vorherigen Funktionsniveau zurückkehrt. Bei der Auffassung von Resilienz als Rekonfiguration ist mehr die langfristige Anpassungsleistung im Blick. Ein Individuum wird als resilient beschrieben, wenn es belastende (traumatische) Erfahrungen langfristig integrieren und die psychische Funktionsfähigkeit in längerer Sicht wiedererlangen und optimieren kann (Bengel & Mack, 2015). Bender und Lösel (2016, S. 80) verweisen in dem Zusammenhang auf „Ähnlichkeiten zu den elementaren biologischen Schutzmechanismen der

- Protektion (z. B. Immunabwehr)
- Regeneration (z. B. Schlaf) und
- Reparatur (z. B. Wundheilung)."

Weiterhin werden verschiedene Charakteristika der Resilienz beschrieben. Resilienz ist *dynamisch*, d.h. sie entwickelt sich im zeitlichen Verlauf in der Mensch-Umwelt-Interaktion.

Resilienz kann sich verändern, ist also *variabel*, d.h. in bestimmten Zeiten und Phasen können Menschen resilienter, in anderen verwundbarer sein, z.B. tritt in Übergangsphasen häufiger eine erhöhte Vulnerabilität auf.

Resilienz ist *situationsspezifisch*, also auf bestimmte Situationen und die dazugehörigen Stressoren bezogen und sie ist *multidimensional*, d.h., dass Bewältigungsleistungen in verschiedenen Lebensbereichen unterschiedlich ausgeprägt sein können (Bengel & Lyssenko, 2012).

Bezogen auf die Lebensphase der Kindheit meint Resilienz „eine psychische Widerstandskraft von Kindern gegenüber biologischen, psychologischen und psychosozialen Entwicklungsrisiken" (Wustmann, 2009, S. 18). Wustmann spricht hier auch von dem „Immunsystem der Seele" (Wustmann-Seiler, 2014, S. 389).

In salutogenetischer Perspektive fragt die Resilienzforschung danach, wie sich Kinder trotz Risikobelastungen positiv und gesund entwickeln. Sie untersucht dabei folgende Erscheinungsformen:

- eine positive, gesunde Entwicklung von Kindern trotz andauernder belastender Lebensbedingungen, wie z. B. durch dauerhafte Armut oder durch eine Erkrankung der Eltern,
- eine beständige Kompetenz auch unter akuten Stressbedingungen, wie z. B. bei einer Trennung bzw. Scheidung der Eltern oder dem Verlust eines Geschwisters,
- eine positive bzw. schnelle Erholung von traumatischen Erlebnissen, wie z. B. dem Tod eines Elternteils, Kriegserlebnissen oder nach einem sexuellen Missbrauch (Wustmann, 2009, Wustmann-Seiler, 2014; Fröhlich-Gildhoff & Rönnau-Böse, 2009).

Nach Wustmann (2009, S. 19) können damit „zwei grundlegende Phänomene des Resilienzkonzepts unterschieden werden:

- der Erhalt der kindlichen Funktionsfähigkeit und

- die Wiederherstellung der normalen kindlichen Funktionsfähigkeit (bei traumatischen Erlebnissen)".

Beide genannten Aspekte sind für Prävention im Allgemeinen und in Bezug auf sexuellen Missbrauch im Besonderen relevant. Im Konzept der Resilienz sind nach Wustmann neben der Abwesenheit von psychischen Störungen der Erwerb und Erhalt altersangemessener Fähigkeiten und Kompetenzen eingeschlossen, was auch als die erfolgreiche Bewältigung von altersspezifischen Entwicklungsaufgaben verstanden wird. In der frühen Kindheit beinhaltet das unter anderem die Ausbildung sozio-emotionaler Kompetenzen und eine gelungene Sprachentwicklung (ebd.), die in dem hier vorgestellten Programm gefördert werden und allgemein Bildung im frühpädagogischen Kontext zugeordnet werden können.

Der zweite Aspekt – die Wiederherstellung der normalen kindlichen Funktionsfähigkeit nach traumatischen Erlebnissen – bezieht sich u. a. explizit auf sexuelle Missbrauchserfahrungen und ihre Bewältigung. Das hier beschriebene Präventionskonzept soll primär dahingehend unterstützen, sexuellen Missbrauch zu verhindern bzw. im Ansatz aufzudecken, jedoch ist angesichts der Zahlen zu sexuellem Missbrauch zu berücksichtigen, dass einige der Kinder im Lauf ihres Lebens von dieser traumatischen Erfahrung betroffen sein können.

Die Traumaforschung zeigt, dass traumatische Erfahrungen nicht immer als lebenslange Beeinträchtigungen verarbeitet werden müssen. Nicht jedes Trauma wirkt traumatisierend – während sich bei einem Teil der Betroffenen in der Folge spezifische oder unspezifische Störungen entwickeln, können andere wieder zu normalen Reaktionen ohne Störungsbilder zurückkehren. Neben den spezifischen Bedingungen des traumatischen Erlebnisses beeinflusst auch die vorhandene Resilienz in Form von Ressourcen bzw. schützenden (protektiven) Faktoren die Bewältigung der traumatischen Erfahrung (Hepp, 2006). Kinder, die Misshandlung und Vernachlässigung erfahren haben, können gravierende negative Auswirkungen durch protektive Faktoren zumindest teilweise kompensieren (Bender & Lösel, 2016).

Diese schützenden Faktoren interagieren mit den jeweiligen Risikobedingungen und so wird Resilienz mehrheitlich als Resultat eines komplexen Zusammenspiels verschiedener Einflussfaktoren, den Risiko- und Schutzfaktoren, gesehen (Bengel & Lyssenko, 2012).

3.1.2 Risiko- und Schutzfaktoren

Risiko- und Schutzfaktorenkonzepte sind daher eng verbunden mit der Resilienzforschung. Risiko- und Schutzfaktoren werden nicht als zwei Seiten einer Medaille konzipiert, sondern jeweils einzeln ermittelt und dann in ihrem Zusammenwirken untersucht (Wustmann, 2009).

Das Risikofaktorenkonzept

Ein Risikofaktor ist ein Merkmal, bei dessen Vorliegen die Wahrscheinlichkeit erhöht ist, dass eine Störung auftritt. Das heißt aber auch, dass sich bei dem Vorhandensein von risikoerhöhenden Bedingungen nicht zwangsläufig negative Entwicklungsresultate zeigen müssen, sondern nur, dass deren Auftretenswahrscheinlichkeit höher ist im Vergleich mit unbelasteten Personen. In der Risikoforschung werden zwei Arten von Entwicklungsgefährdungen bei Kindern unterschieden:

- Vulnerabilitätsfaktoren bezeichnen Bedingungen, die sich auf die biologischen und psychologischen Bedingungen des Kindes beziehen,
- als Risikofaktoren oder Stressoren werden psychosoziale Merkmale bezeichnet, die sich auf die Bedingungen in der Umwelt beziehen (Laucht, Schmidt & Esser, 2000; Wustmann, 2009).

Zu Vulnerabilitätsfaktoren beim Kind zählen beispielsweise Geburtskomplikationen, Frühgeburt, chronische Erkrankungen, geringer IQ, impulsives Verhalten, hohe Ablenkbarkeit, unsichere Bindungsorganisation, Defizite in der Wahrnehmung und der sozialen Informationsverarbeitung oder geringe Fähigkeiten zur Selbstregulation von Anspannung und Entspannung.

Beispiele für Risikofaktoren sind niedriger sozioökonomischer Status, Armut, Arbeitslosigkeit der Eltern, niedriges Bildungsniveau der Eltern, ungünstiges Wohnumfeld, Disharmonie in der Familie, Trennung, Scheidung, häufig wechselnde Partnerschaften der Eltern, problematische Erziehungspraktiken wie inkonsistentes und zurückweisendes Erziehungsverhalten oder mangelnde Feinfühligkeit und Responsivität, häufige Umzüge, soziale Isolation, Verlust eines Geschwisters oder engen Freundes oder eine Unterbringung außerhalb der Familie (Wustmann, 2009; Laucht, Schmidt & Esser, 2000; Scheithauer & Petermann, 1999).

Darüber hinaus sind traumatische Erlebnisse eine besonders extreme Form von Risikoeinflüssen. Sie werden als existenziell bedrohlich und unabwendbar erfahren. Beispiele dafür sind Katastrophen wie Erdbeben, Brände, Verkehrsunfälle, Kriegs- und Terrorerlebnisse, direkt erfahrene Gewalt wie körperliche Misshandlung oder sexueller Missbrauch, beobachtete Gewalterlebnisse, Tod oder schwere Krankheit der Eltern (Wustmann, 2009).

Risikoeinflüsse treten selten isoliert auf, so dass belastete Kinder häufiger mit multiplen Risikobedingungen konfrontiert sind. Mehrere Risikobedingungen können sich summieren oder gegenseitig verstärken, dann steigt auch die zu erwartende Entwicklungsbeeinträchtigung, Anzahl und Intensität der Risikobelastungen sind dabei entscheidend. Einzelne Risikofaktoren stehen nur in geringem Maße mit Erlebens- und Verhaltensproblemen in Zusammenhang (Wustmann, 2009).

Das Schutzfaktorenkonzept

Schutzfaktoren helfen dabei, risikoreiche Lebensumstände und stressreiche Situationen möglichst positiv zu bewältigen. Dabei sind sowohl personale als auch soziale Ressourcen bedeutsam, also in der Person des Kindes angesiedelte protektive Faktoren und Faktoren, die in der Umwelt des Kindes verortet sind. Eine häufige Klassifizierung in der Literatur ist die Einteilung in personale, familiäre und soziale Schutzfaktoren. In der Tabelle 1 sind diese aufgelistet.

Tabelle 1: Klassifikation personaler, familiärer und sozialer Schutzfaktoren (aus Bengel et al., 2009, S. 49)

Personale Schutzfaktoren	• Körperliche Schutzfaktoren und biologische Korrelate der Resilienz
	  – Biologische Korrelate
	  – Temperament
	  – Erstgeborenes Kind
	  – Weibliches Geschlecht
	• Kognitive und affektive Schutzfaktoren
	  – Positve Wahrnehmung der eigenen Person
	  – Positive Lebenseinstellung und Religiösität
	• Kognitive Fähigkeiten und schulische Leistung
	• Internale Kontrollüberzeugung
	• Selbstwirksamkeitserwartung
	• Selbstkontrolle und Selbstregulation
	• Aktive Bewältigungsstrategien
	• Realistische Selbsteinschätzung und Zielorientierung
	• Besondere Begabungen, Ressourcen und Kreativität
	• Interpersonelle Schutzfaktoren – soziale Kompetenz

Familiäre Schutzfaktoren	• Strukturelle Familienmerkmale
	• Merkmale der Eltern-Kind-Beziehung
	  – Sichere Bindung und positive Beziehung zu den Eltern
	• Autoritative oder positive Erziehung
	  – Positives Familienklima und Kohäsion
	• Positive Geschwisterbeziehungen
	• Merkmale der Eltern

Soziale Schutzfaktoren	• Soziale Unterstützung • Erwachsene als Rollenmodelle oder eine gute Beziehung zu einem Erwachsenen • Kontakte zu Gleichaltrigen • Qualität der Bildungsinstitutionen • Einbindung in prosoziale Gruppen

Eine andere Einteilung unterscheidet die personalen Ressourcen in kindbezogene Faktoren, die das Kind von Geburt an aufweist, und Resilienzfaktoren, die erworben werden, und fasst die familiären und sozialen Faktoren des in Tabelle 1 dargestellten Modells zu Umweltfaktoren zusammen (z. B. Scheithauer & Petermann, 1999; Rönnau-Böse & Fröhlich-Gildhoff, 2015). Die Resilienzfaktoren nach dieser Ordnung sind in der Abbildung 2 beschrieben.

Die in den Begriffen Selbst- und Fremdwahrnehmung, Selbststeuerung, Selbstwirksamkeit, soziale Kompetenz, aktive Bewältigungskompetenzen und Problemlösen zusammengefassten Resilienzfaktoren entwickelt das Kind im Sozialisationsprozess in der Auseinandersetzung mit der Umwelt und den dort jeweils bestehenden Bedingungen. Das heißt zugleich, diese Resilienzfaktoren sind lernbar und haben daher für Präventionsangebote eine besondere Bedeutung. Sozial-emotionale und sprachliche Kompetenzen sind hier wichtige Basisfähigkeiten, die speziell im Vorschulalter erworben werden. Sie bilden die Grundlage für die weitere Entwicklung der dargestellten Kompetenzen und damit die Basis der Entwicklung von Resilienz.

Fröhlich-Gildhoff & Rönnau-Böse (2009, S. 45) beschreiben resiliente Kinder folgendermaßen: „resiliente Kinder kennen die verschiedenen Gefühle und können sie adäquat ausdrücken (mimisch und sprachlich); sie können Stimmungen bei sich und anderen erkennen und einordnen; sie können sich, ihre Gefühle und Gedanken reflektieren und in Bezug zu anderen setzen". Darüber hinaus können resiliente Kinder „sich und ihre Gefühlszustände selbständig regulieren bzw. kont-

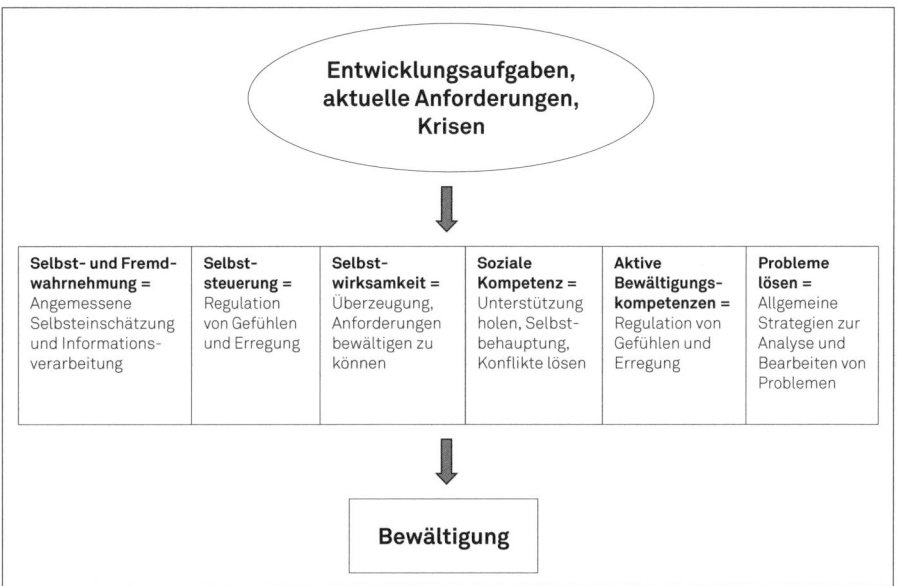

Abbildung 2: Resilienzfaktoren (nach Rönnau-Böse & Fröhlich-Gildhoff, 2015, S. 19)

rollieren; sie wissen, was ihnen hilft, um sich selber zu beruhigen und sich ggf. Hilfe holen zu können ..." (ebd., S. 46). Auf die Förderung dieser und weiterer Kompetenzen zielt das hier vorgestellte kindbezogene Programm ab und ist damit speziell auf die Entwicklungsaufgaben von Kindern im Vorschulalter bezogen.

Im Zusammenhang mit Kompetenzentwicklung spricht Masten auch von positiven Entwicklungskaskaden oder Kompetenzkaskaden, d. h. „Kompetenz erzeugt Kompetenz" (Masten, 2016, S. 35). Das positive Abschneiden bei einer Entwicklungsaufgabe springt auf andere Anpassungsbereiche über und erzeugt hier wiederum positive Effekte. Dieser „Dominoeffekt" (ebd.) kann sich auch negativ ereignen: Wenn in einem Entwicklungsbereich wenig Kompetenzen erworben wurden, stehen diese auch in anderen Bereichen nicht zur Bewältigung zur Verfügung. Dies unterstreicht die hohe Bedeutung einer möglichst frühzeitigen Förderung von Kompetenzen.

3.1.3 Einfluss von Beziehungen auf die Entwicklung von Resilienz

Es wird davon ausgegangen, dass Resilienz eine Kapazität ist, die sich im Verlauf der Entwicklung in einem Interaktionsprozess zwischen Individuum und Umwelt ausbildet und daher als dynamischer Anpassungs- und Entwicklungsprozess anzusehen ist (Fröhlich-Gildhoff & Rönnau-Böse, 2009; Wustmann, 2009; Lösel & Bender, 2008). Es geht also bei den personalen Ressourcen um Eigenschaften und Fähigkeiten des Kindes, die zu einem erheblichen Teil über Lernprozesse im Austausch mit anderen erworben werden können, und bei den sozialen Ressourcen um Schutzfaktoren in der familiären und außerfamiliären Betreuungsumwelt des Kindes, die zumindest teilweise in den Familien unterstützt und im außerfamiliären Umfeld bereitgestellt werden können.

Dies „verdeutlicht den Einfluss und die Relevanz von Erziehung, Bildung und Familie sowie von sozialen Netzwerken auf die Ausbildung von Resilienz" (Fröhlich-Gildhoff & Rönnau-Böse, 2009, S. 11). Neben der Familie als wichtiger Sozialisationsinstanz wird hier auch auf die hohe Bedeutung von Erziehungs- und Bildungseinrichtungen beim Kompetenzerwerb verwiesen, da pädagogische Fachkräfte über ausgedehnte Zeiträume in Beziehungen zu den Kindern stehen.

In Bezug auf soziale Ressourcen zeigen Studienergebnisse, dass eine stabile emotionale Beziehung zu mindestens einer Bezugsperson als soziale Ressource besonders bedeutsam ist (Bender & Lösel, 2002, 2016; Werner, 2000, 2008). Dieser Aspekt wird im Präventionskonzept durch die Förderung von unterstützenden Beziehungen zwischen Eltern und Kind, zwischen Fachkräften und Kindern und zwischen Fachkraft und Eltern aufgegriffen. Über den Zusammenhang von Widerstands- und Überlebenskraft von Kindern und unterstützenden Beziehungen im

Umfeld berichtet Enders (2008) aus der Beratungspraxis mit kindlichen Opfern sexualisierter Gewalt:

> Die Kraft, dem Missbrauch etwas entgegenzusetzen, erwächst nicht „von selbst". Kinder brauchen Energiequellen, sie brauchen Menschen, die sie ernst nehmen und ihnen ihr Recht auf (sexuelle) Selbstbestimmung vermitteln und im alltäglichen Umgang zugestehen, denn es sind die „kleinen" Begegnungen, aus denen betroffene Mädchen und Jungen die Kraft zur Gegenwehr und zum Überleben schöpfen. So kann das Lob der Lehrerin, das Spiel im Kindergarten, die Vorlesestunde des Opas zum Rettungsanker für das Opfer werden. (S. 162)

Resilienz wird nicht als stabile Immunität verstanden, sondern sie kann über Zeit und Situationen hinweg variieren. Es gibt Phasen erhöhter Verletzbarkeit, zu denen Entwicklungsübergänge wie beispielsweise von der Familie in die Kita oder von der Kita in die Schule gehören. Daraus lässt sich als pädagogisches Ziel ableiten, dass einer unterstützenden Begleitung in Übergangsphasen eine besondere Bedeutung zukommt.

Resilienz kann also beim Kind selbst, in seinem unmittelbaren familiären Umfeld und in seinem weiteren sozialen Umfeld wie Kita, Schule oder Stadtteil gefördert werden, was relevant für sozialpädagogische Konzepte ist (Zander, 2010).

3.1.4 Erklärungsmodelle zu Resilienz: Wie wirken Risiko- und Schutzfaktoren zusammen?

Zur Erklärung des Zusammenwirkens von Risiko- und Schutzfaktoren und Resilienz können die Modelle der Kompensation, der Herausforderung, der Interaktion und der Kumulation herangezogen werden (Wustmann, 2009). Sie stellen Erklärungsmöglichkeiten für verschiedene Bedingungen und Situationen bereit und sind in ergänzender Sicht zu lesen.

Modell der Kompensation

In diesem Modell steht der kompensatorische Effekt im Vordergrund. Im Erklärungsansatz der Kompensation hat der protektive Faktor einen unabhängigen Einfluss auf die Entwicklung und kann so durch Neutralisierung die Wirkung von risikoerhöhenden Faktoren abmildern. Der protektive Faktor interagiert also nicht direkt mit den Risikobedingungen, sondern wirkt subtraktiv. Er kann sich dabei z. B. durch Förderung kindlicher Kompetenzen direkt auf das Entwicklungsergebnis auswirken (Haupteffekt-Modell) oder er kann indirekt die Entwicklung des Kindes über Mediatoren beeinflussen, indem er z. B. durch Elterntraining auf das Elternverhalten wirkt, was wiederum Folgen für die Lebensbedingungen des Kindes hat (Mediatoren-Modell).

Modell der Herausforderung

Dieses Modell unterstreicht die Herausbildung von Coping-Fähigkeiten, also Fähigkeiten zur Bewältigung von Herausforderungen. Die Beziehung zwischen risikoerhöhenden Bedingungen und kindlicher Anpassung gleicht einer wechselnden Kurve. Risikobedingungen und Stress sind Herausforderungen, die ein Kind bewältigen muss. Im Verlauf des Bewältigungsprozesses gewinnt ein Kind an Kompetenz und kann darauffolgende Aufgaben besser bewältigen. Das heißt auch umgekehrt, wenn der Stress zu gering ist, wird das Kind weniger herausgefordert. Bei einem zu hohen Stresslevel kann eine Bewältigung möglicherweise nicht mehr gelingen und stattdessen Hilflosigkeit die Folge sein.

Modell der Interaktion

Annahme ist hier eine interaktive Beziehung zwischen risikoerhöhendem und risikomilderndem Faktor. Der risikomildernde Faktor kommt nur als moderierender Effekt bei einer Risikolage zum Tragen. Der Schutzfaktor moderiert den Risikoeinfluss und damit das Ausmaß der Gefährdung und wirkt dadurch indirekt auf das Entwicklungsergebnis ein. Wenn keine Risikobedingung vorliegt, hat der risikomildernde Faktor keinen feststellbaren Effekt. Beispielsweise hat soziale Unterstützung durch Lehrkräfte auf Kinder, die in Armut aufwachsen oder in einem Heim betreut werden, eine signifikant positive Wirkung auf die schulische Leistung und die soziale Kompetenz, bei Kindern aus unbelasteten Verhältnissen zeigte sich kein signifikanter Effekt (Wustmann, 2009).

Modell der Kumulation

Dieses Modell erweitert den Ansatz der Interaktion durch die Aussage, dass sich die Effekte mehrerer risikoerhöhender und risikomildernder Faktoren summieren können. Je mehr Risikobedingungen und je weniger protektive Faktoren vorliegen, umso höher wird die Belastung, und umgekehrt verringert sie sich, wenn mehr Schutzfaktoren vorhanden sind.

3.1.5 Wie wird Resilienz gemessen?

In den Forschungsbemühungen um Resilienz stellt sich immer auch die Frage, wie Resilienz gemessen werden kann: Was sind „gute" Ergebnisse von Entwicklung und Bewältigung? Wie gut kommt eine Person in verschiedenen Bereichen des Lebens zurecht? Was heißt positive Anpassung? Sollte die Definition von Resilienz internale und/oder externale Anpassungskriterien enthalten? (Masten, 2001). Auch die Einschätzung von Gefahren und damit die Bewertungskriterien von Risikolagen sind für die Forschung relevant, da Resilienz in Zusammenhang mit der Bewältigung von Risikobedingungen steht.

Forschende definieren eine gelungene Entwicklung aus verschiedenen Perspektiven: Zum einen mit Blick auf die Leistungen bei altersgemäßen Entwicklungsaufgaben, z. B. in der Kompetenzmessung, zum anderen mit Blick auf die Vermeidung einer Psychopathologie, z. B. durch das Messen von (geringeren) Belastungsraten. Offene Fragen bestehen hinsichtlich des kulturellen Einflusses auf die Kriterien von Erfolg und auf den Einbezug innerer und äußerer Kriterien für die Bewertung einer gelungenen und gesunden Entwicklung (Masten, 2016).

Ein Beispiel für die Messung von Resilienz liefert Masten in ihren Arbeiten (2001). Resilienz wird hier auf der Grundlage von externalen Kriterien gemessen, die etwas darüber aussagen, wie gut ein Individuum in seiner sozialen Umwelt zurechtkommt. Grundlage der Bewertung als gutes Ergebnis bzw. erfolgreiche Anpassung ist hier die Kompetenz des Individuums in Bezug auf die jeweiligen Entwicklungsaufgaben. Beispielsweise werden bei Schulkindern die Kompetenzdimensionen akademische Leistung, regelhaftes bzw. regelwidriges Verhalten und soziale Kompetenz gemessen.

Auch bei dem hier vorgestellten vorschulischen Förderprogramm beruht die Evaluation auf der Messung der Kompetenzentwicklung der Kinder und dem Vergleich der Kompetenzzuwächse bei der Gruppe mit dem ReSi-Programm und der Gruppe, die das Programm noch nicht durchlaufen hat.

In der Resilienzforschung gibt es noch diverse offene Fragen und Probleme. Zugleich liegen jedoch schon viele Ergebnisse vor, die für präventive Maßnahmen wie eine Förderung von Kompetenzen sprechen. Kompetenzförderung gehört zudem zu den in Bildungsplänen festgeschriebenen Bildungsmaßnahmen, was die Sinnhaftigkeit einer gezielten Förderung noch einmal unterstreicht.

> Ann S. Masten von der Universität von Minnesota, selbst langjährige Kompetenz- und Resilienzforscherin, sagt dazu Folgendes (2016):
>
> Kinder können nicht warten, bis Wissenschaftler Resilienz durch und durch verstanden haben und genau wissen, wie man die menschliche Resilienz am besten schützt und fördert.
>
> ... die Verantwortlichen müssen je nach Kenntnisstand und im Rahmen des Möglichen reagieren. Im Idealfall werden sie die besten und sachdienlichsten wissenschaftlichen Erkenntnisse in Betracht ziehen, sich ihrer Grenzen bewusst sein und sich auf die Kinder, die Familie, die Gemeinde, die Kultur, die Situation und die zur Verfügung stehenden Ressourcen einstellen. (S. 263)

3.1.6 Resilienz- und Kompetenzförderung als Bildungsziele im Elementarbereich

Die im ReSi-Programm geförderten Fähigkeitsbereiche finden sich in den Bildungszielen für die Kinder und den Qualifikationszielen für die Fachkräfte wieder, die für die vorschulische Bildung, Erziehung und Betreuung in der jüngeren Vergangenheit formuliert wurden.

Die durch die PISA-Ergebnisse beförderte Debatte um vorschulische Bildung führte dazu, dass im Jahr 2004 von der Kultusministerkonferenz und der Jugendministerkonferenz ein „Gemeinsamer Rahmen der Länder für die frühe Bildung in Kindertageseinrichtungen" beschlossen wurde. Bildungsziele im Elementarbereich sind demnach „die Vermittlung grundlegender Kompetenzen und die Entwicklung und Stärkung persönlicher Ressourcen, die das Kind motivieren und darauf vorbereiten, künftige Lebens- und Lernaufgaben aufzugreifen und zu bewältigen, verantwortlich am gesellschaftlichen Leben teilzuhaben und ein Leben lang zu lernen" (Jugendministerkonferenz und Kultusministerkonferenz [JMK/KMK], 2004, S. 3). Als Bildungsbereiche werden hier u. a. genannt: Sprache und Kommunikation, personale und soziale Entwicklung sowie Körper, Bewegung und Gesundheit (JMK/KMK, 2004). Dieser allgemeine Rahmen wurde in den einzelnen Bundesländern in Bildungsplänen ausformuliert. Die Bildungspläne unterscheiden sich teilweise erheblich in Bezug auf die Strukturierung der Themen und die Ausführlichkeit der Ausführungen. Sie benennen aber alle – wenn auch in unterschiedlicher Weise – als grundlegende Bildungsbereiche die emotionale und soziale Kompetenz und die sprachliche Entwicklung.

So benennt beispielsweise der Bayerische Bildungs- und Erziehungsplan für Kinder bis zur Einschulung personale Kompetenzen, Kompetenzen zum Handeln im sozialen Kontext als Basiskompetenzen des Kindes sowie Resilienz als Grundstein zum kompetenten Umgang mit Veränderungen und Belastungen und „als Grundlage für positive Entwicklung, Gesundheit, Wohlbefinden und hohe Lebensqualität" (Bayerisches Staatsministerium für Arbeit und Soziales, Familie und Frauen & Staatsinstitut für Frühpädagogik, 2016, S. 69ff.). Als themenbezogene Bildungsbereiche erläutert der bayerische Bildungsplan neben anderen ausführlich die Bereiche Emotionalität, soziale Beziehungen und Konflikte sowie Sprache und Literacy.

Im niedersächsischen Orientierungsplan für Bildung und Erziehung im Elementarbereich (Niedersächsisches Kultusministerium, 2005) werden als Bildungsziele die Lernbereiche und Erfahrungsfelder emotionale Entwicklung und soziales Lernen sowie Sprache und Sprechen ausgeführt. Im baden-württembergischen Orientierungsplan (Ministerium für Kultus, Jugend und Sport Baden-Württemberg, 2014) als drittes Beispiel werden die Bildungs- und Entwicklungsfelder Körper, Sprache, Gefühl und Mitgefühl als Bildungs- und Einflussbereiche des Kindergartens beschrieben.

Auch die Qualifizierung von Fachkräften erhält seit einiger Zeit im Zusammenhang mit der Diskussion um Qualität der frühpädagogischen Bildung und Betreuung vermehrt Aufmerksamkeit. In der Kultusministerkonferenz und der Jugend- und Familienministerkonferenz 2010 wurde ein Gemeinsamer Orientierungsrahmen „Bildung und Erziehung in der Kindheit" zur Weiterentwicklung der Aus-, Fort- und Weiterbildung von Erzieherinnen und Erziehern beschlossen (Kultusministerkonferenz und Jugend- und Familienministerkonferenz [KMK/JFMK], 2010). Hier wurde die Bedeutung der frühen Förderung aller Kinder vor dem Hintergrund des gesellschaftlichen Wandels hin zu einer Wissensgesellschaft hervorgehoben. Im Jahr 2011 folgte der Beschluss der Kultusministerkonferenz über ein „Kompetenzorientiertes Qualifikationsprofil für die Ausbildung von Erzieherinnen und Erziehern an Fachschulen/Fachakademien" (KMK, 2011).

Überschneidungen von Zielen im Qualifikationsprofil und im hier beschriebenen Förderprogramm finden sich in folgenden Aspekten: Als Querschnittsaufgaben werden die Bereiche Prävention, Sprachbildung und Wertevermittlung hervorgehoben, die implizit und explizit im ReSi-Programm angestrebt werden. Im Bereich der Prävention wird es als Querschnittaufgabe der Fachkraft benannt, die Fähigkeit der Kinder zu stärken, erfolgreich mit belastenden Situationen umzugehen und so die Entwicklung von Resilienz zu unterstützen (KMK, 2011). Als Handlungsfelder werden die Anregung von Entwicklungs- und Bildungsprozessen, insbesondere in den Bereichen der emotionalen, sozialen, körperbezogenen und sprachlichen Entwicklung, und ebenso die Kooperation in Netzwerken beschrieben.

Das hier vorgestellte Förderprogramm bezieht sich also sowohl auf grundlegende in den Bildungsplänen formulierte Bildungsziele als auch auf wesentliche im Qualifikationsprofil für die pädagogischen Fachkräfte ausgeführte Querschnittsaufgaben. Es stellt daher kein zusätzliches Programm dar, sondern kann als Teil des grundlegenden Bildungsauftrags und der Weiterqualifizierung im frühpädagogischen Bereich angesehen und entsprechend im pädagogischen Alltag eingesetzt werden.

Fazit für die Praxis

Die Förderung von sozial-emotionalen, körperbezogenen und sprachlichen Kompetenzen ist gerade im Elementarbereich eine grundlegende Bildungsaufgabe. Diese Kompetenzen bilden die Basis von Resilienz, Prävention und Gesundheitsförderung. Resilienz kann beim Kind selbst, in seinem unmittelbaren familiären Umfeld und in seinem weiteren sozialen Umfeld gefördert werden.

Unter der Perspektive „Kompetenz erzeugt Kompetenz" (Masten, 2016) ist eine frühzeitige Förderung von Kindern beispielsweise in der Kita in Hinblick auf weitere Entwicklungsaufgaben als besonders bedeutsam anzusehen.

3.2 Sicherheit

Sicherheit ist ein Grundbedürfnis von Menschen. Für Kinder ist dies in Form von Schutzrechten in der UN-Kinderrechtskonvention aufgeführt. Im Zusammenhang mit der Prävention sexualisierter Gewalt gegen Kinder ist ausreichendes Wissen der Erwachsenen und damit die Qualifizierung von pädagogischen Fachkräften eine wesentliche Voraussetzung für den Schutz von Kindern. Diese beiden Aspekte werden im Folgenden ausgeführt.

3.2.1 Schutzrechte für Kinder

In der Kinderrechtskonvention der Vereinten Nationen ist für Kinder neben den Rechten auf Förderung, Entwicklung und Partizipation auch das Recht auf Schutz niedergelegt. Nach Artikel 19 soll ein Kind vor körperlicher und geistiger Gewaltanwendung, Vernachlässigung, Ausbeutung und sexuellem Missbrauch geschützt werden (Bundesministerium für Familie, Senioren, Frauen und Jugend [BMFSFJ], 2014).

In Deutschland wurde der Kinderschutz in dem 2012 in Kraft getretenen Bundesschutzgesetz neu formuliert. Schwerpunkt des deutschen Gesetzgebers war dabei die Aufdeckung von Kinderschutzfällen und entsprechende Regelungen wurden im Bundeskinderschutzgesetz unter anderem mit der Änderung des § 8a SGB VIII beschlossen. Durch diese Gesetzgebung sollte sichergestellt werden, dass Hinweisen auf Gefährdung von Kindern gemäß bestimmter Regeln nachgegangen wird (Kindler, 2015). Das Gesetz zur Stärkung eines aktiven Schutzes von Kindern und Jugendlichen setzt neben Regelungen zur Intervention auch auf Prävention, z. B. im Rahmen von Frühen Hilfen mit Familienhebammen und anderen präventiven Angeboten.

Rechte von Kindern auf Sicherheit und Schutz sind eng verbunden mit den Aufgaben von pädagogischen Fachkräften, die neben dem Bildungs- und Erziehungsauftrag auch einen Schutzauftrag haben. Dieser beinhaltet auch den Schutz vor sexualisierter Gewalt, der in einer Kindertageseinrichtung bestenfalls in einem Schutzkonzept konkretisiert ist (Wolff et al., 2017). Im Kindergartenalltag erfordern Schutzmaßnahmen bezüglich sexualisierter Gewalt sowohl Handlungssicherheit im Falle eines Verdachts als auch präventive Maßnahmen und Angebote.

Die Handlungssicherheit wird unterstützt durch ein bestimmtes Grundlagenwissen zu sexualisierter Gewalt, das im Folgenden kurz zusammenfasst ist.

3.2.2 Sexualisierte Gewalt: Begriffliche Unterscheidungen für die pädagogische Praxis

Die Begriffe sexualisierte Gewalt, sexueller Missbrauch, sexuelle Misshandlung, sexuelle Gewalt oder sexuelle Ausbeutung werden oftmals synonym gebraucht.

Häufig verwendet wird der Begriff sexueller Missbrauch. Er findet sich in der pädagogischen Praxis ebenso wie im Strafgesetzbuch und im Forschungsbereich, allerdings gibt es keine einheitliche Definition, die über alle Bereiche hinweg gilt.

Nach Deegener „wird unter sexuellem Missbrauch von Kindern jede Handlung verstanden, die an oder vor einem Kind entweder gegen den Willen des Kindes vorgenommen wird oder der das Kind aufgrund seiner körperlichen, seelischen, geistigen oder sprachlichen Unterlegenheit nicht wissentlich zustimmen kann" (Deegener, 2014, S. 22).

Für sexuellen Kindesmissbrauch bestimmend ist, dass Machtverhältnisse ausgenutzt werden. Der Begriff sexualisierte Gewalt verdeutlicht, dass neben sexuellen Motiven auch Machtausübung häufig eine bedeutende Rolle spielt. Zwischen Kindern und Erwachsenen ist grundsätzlich von einem Machtunterschied auszugehen, da Kinder in vielfältiger Hinsicht von Erwachsenen abhängig sind. Abhängigkeit, Vertrauen und Unwissenheit von Kindern werden ausgenutzt. Daher wird eine sexuelle Handlung an einem Kind auch dann als sexueller Missbrauch gewertet, wenn das Kind Einverständnis geäußert hat.

Der Begriff sexualisierte Gewalt ist weiter gefasst und schließt auch Grenzverletzungen und Übergriffe ein, wenn diese noch keinen Straftatbestand erfüllen. Mit dem Gewaltbegriff wird verdeutlicht, dass Grenzen überschritten und Freiheit und Sicherheit von Kindern verletzt bzw. eingeschränkt werden.

Für die pädagogische Praxis ist es hilfreich, begrifflich zu unterscheiden zwischen Grenzverletzungen, sexuellen Übergriffen und sexuellem Missbrauch (Enders & Kossatz, 2012).

Pädagogisch relevant: Grenzverletzungen

Grenzverletzungen sind Verhaltensweisen, die persönliche Grenzen überschreiten, z. B. wenn ein Kind zum Trösten in den Arm genommen wird, obwohl es zeigt, dass es das nicht mag. Auch eine Aufnahme mit dem Handy ohne Einwilligung der Person oder eine versehentliche Berührung an intimen Körperstellen stellt eine Grenzverletzung dar. Was grenzverletzend ist, ist nicht eindeutig anhand klarer, objektiver Merkmale bestimmbar, sondern auch das subjektive Erleben des Gegenübers entscheidet darüber.

Im Alltag sind Grenzverletzungen nicht immer zu vermeiden und sie geschehen häufig unbeabsichtigt. Ebenso können aber auch persönliche oder fachliche Unzulänglichkeiten ein Grund für grenzverletzendes Verhalten sein. Beispiele hierfür sind ein wenig differenzierter Umgang mit Nähe und Distanz, die Verwendung verletzender Spitznamen oder grenzverletzende Gespräche. Ebenso können Grenzverletzungen auf institutioneller Ebene angelegt sein, wenn beispielsweise Konzeptionen persönliche Grenzen sowie Nähe und Distanz wenig berücksichtigen.

Grenzverletzungen sind korrigierbar, z. B. wenn einer Person durch Rückmeldung ihr Verhalten bewusst wird, sie sich entschuldigt und versucht, sich zukünftig anders zu verhalten (Dörr, 2010; Enders & Kossatz, 2012).

Ein angemessener Umgang mit Nähe und Distanz ist eine alltägliche Herausforderung in Beziehungen und somit ein grundlegendes Bildungs- und Erziehungsziel in der pädagogischen Praxis im Bereich der sozialen Kompetenz. Wichtiger Teil dieses Lernprozesses sind Erfahrungen mit Grenzüberschreitungen (im Tun und im Erleiden) und entsprechende Reaktionen darauf, die Grenzen deutlich machen.

Pädagogisch relevant: Sexuelle Übergriffe

Nach Enders und Kossatz (2012) unterscheiden sich sexuelle Übergriffe von Grenzverletzungen durch ihre Massivität und Häufigkeit. Übergriffe geschehen nicht aus Versehen, sondern sind motiviert, z. B. wenn ein Erwachsener von einem Kind Zärtlichkeiten verlangt, es wie zufällig an Brust oder Po berührt oder sexuell getönte Bemerkungen über die Entwicklung des Kindes macht. Übergriffige Personen setzen sich über Widerstand hinweg, indem sie Abwehrreaktionen wie beispielsweise einen abwehrenden Gesichtsausdruck, eine versteifte Körperhaltung oder ein geäußertes „Ich mag das nicht" ignorieren. Sie missachten Normen eines respektvollen Umgangs und bagatellisieren häufig Kritik von Dritten.

In den meisten Fällen bereiten Täter oder Täterinnen strafrechtlich relevanten sexuellen Missbrauch durch sexuelle Übergriffe vor.

Es gibt sexuelle Übergriffe ohne und mit Körperkontakt wie z. B. anzügliche Bemerkungen, Blicke oder Fragen, wiederholte sexuell grenzverletzende Berührungen, zu intime körperliche Nähe und eindeutig sexuell getönte Zärtlichkeiten wie Küsse auf den Mund, Streicheln an Brust oder Po (Enders & Kossatz, 2012).

Wenn ein Mädchen oder Junge sexualisiertes Verhalten gegenüber Erwachsenen zeigt oder sich sexuell getönt annähert, dürfen sich Erwachsene nicht darauf einlassen – es liegt in ihrer Verantwortung, Distanz zu halten.

Sexuelle Übergriffe unter Kindern werden unten noch einmal in einem eigenen Textabschnitt (Kap. 3.2.7) behandelt.

Strafrechtlich relevant: Sexueller Missbrauch

Aus rechtlicher Perspektive werden unter sexuellem Missbrauch alle sexuellen Handlungen verstanden, die strafrechtlich relevant sind. Im Strafgesetzbuch werden diese Handlungen als „Straftaten gegen die sexuelle Selbstbestimmung" (§§ 174 ff. StGB) bezeichnet. Das Sexualstrafrecht unterscheidet bei der Bewertung einer Tat und deren Erheblichkeit vier Schutzaltersstufen:

- Kinder bis 14 Jahre
- Jugendliche zwischen 14 und 16 Jahren
- Jugendliche zwischen 16 und 18 Jahren
- Volljährige ab 18 Jahren

Die weiteren Ausführungen beziehen sich ausschließlich auf den sexuellen Missbrauch von Kindern bis zum Alter von 14 Jahren.

Sexueller Missbrauch von Kindern wird in § 176 StGB unter Strafe gestellt. Danach ist jede (versuchte) sexuelle Handlung von Erwachsenen oder Jugendlichen mit, an oder vor Kindern strafbar. Benannt werden zudem Handlungen, die ein Kind an Dritten vornehmen muss. Entsprechende Handlungen unter Kindern werden als sexuelle Übergriffe bezeichnet.

Weiter strafrechtlich ausgeführt sind in § 176a StGB schwerer sexueller Missbrauch durch Beischlaf oder ähnliche Handlungen, gemeinschaftliche Handlungen und die Gefahr einer schweren Gesundheitsschädigung oder einer erheblichen Schädigung der körperlichen oder seelischen Entwicklung des Kindes sowie in § 176b StGB sexueller Missbrauch von Kindern mit Todesfolge. Exhibitionistische Handlungen werden auch nach § 183 StGB unter Strafe gestellt.

Sexueller Missbrauch kann mit und ohne Körperkontakt erfolgen. Es wird auch von Hands-on-Taten und Hands-off-Taten gesprochen (Goldbeck et al., 2017a).

Strafbare Handlungen ohne Körperkontakt:

- exhibitionistische Handlungen (Geschlechtsteile zeigen, sich vor Kindern befriedigen),
- pornographische Bilder oder Videos zeigen oder
- Kinder auffordern, an sich selbst oder untereinander sexuelle Handlungen auszuführen.

Strafbare Handlungen mit Körperkontakt:

- sexuelle Handlungen an Kindern (im Intimbereich berühren – Scheide, Po, Brust bei Mädchen oder Po und Penis bei Jungen; zu oralem, analem oder vaginalem Geschlechtsverkehr zwingen oder ihn versuchen, also versuchte oder vollendete Vergewaltigung) oder
- das Kind veranlassen, sexuelle Handlungen am Erwachsenen oder an anderen Kindern auszuführen.

Bei der Einschätzung von sexuellen Handlungen ist nicht nur die Handlung an sich, sondern auch das Motiv bedeutsam (Els, 2014). Wenn beispielsweise eine Betreuungsperson ein Kind beim Wickeln zur Befriedigung eigener sexueller Bedürfnisse im Genitalbereich eincremt, ist dies als sexueller Missbrauch zu werten. Wenn sie das Kind beim Wickeln im Genitalbereich als pflegende Handlung eincremt, ist das kein Missbrauch, sondern Körperpflege. Die jeweilige Situation muss also immer im Einzelfall eingeschätzt werden.

Nach § 184h StGB muss eine sexuelle Handlung im Hinblick auf das jeweils geschützte Rechtsgut von einiger Erheblichkeit sein, um strafrechtlich als solche zu gelten. In Einzelfällen der Rechtsprechung werden beispielsweise „in bekleidetem Zustand vorgenommene beischlafähnliche Bewegungen bei einem Kind" (Els, 2014, S. 59) als erhebliche sexuelle Handlung bewertet. Als Beispiele nicht erheblicher sexueller Handlungen in einzelnen Fallentscheidungen führt Els „Streicheln der bekleideten Oberschenkel" oder eine „flüchtige Berührung an der Brust" (ebd., S. 60) an.

Grenzverletzungen und sexuelle Übergriffe können ebenso belastend für das Kind sein wie strafrechtlich relevanter sexueller Missbrauch. Zur Abwendung aller genannten Formen sexualisierter Gewalt benötigen Kinder die Unterstützung und den Schutz durch erwachsene Bezugspersonen.

> **Unterscheidung für die pädagogische Praxis**
>
> Für das pädagogische Handeln ist es wichtig, zwischen Grenzverletzungen, sexuellen Übergriffen und sexuellem Missbrauch unterscheiden zu können.
>
> Grenzverletzungen und sexuelle Übergriffe, wie sie hier definiert wurden, erfordern eine klare pädagogische Handlung und Grenzziehung zum Schutz der Kinder und als Orientierung für zukünftige Situationen.
>
> Ein sexueller Missbrauch ist strafrechtlich relevant und zu einer Verdachtsklärung müssen unbedingt spezifisch qualifizierte Fachkräfte hinzugezogen werden. Mit ihnen gemeinsam wird das weitere Handeln zum Schutz des Kindes besprochen und abgewogen.

3.2.3 Informationen zu den Betroffenen

Die polizeiliche Kriminalstatistik (PKS) gibt Auskunft über die polizeilich erfassten Delikte zum sexuellen Kindesmissbrauch in Deutschland. Die Daten der PKS beschreiben also das sogenannte Hellfeld.

Im Jahr 2016 wurden 12.019 Fälle von Kindesmissbrauch registriert (vgl. Tab. 2). Mit Blick auf die Zahlen der erfassten Fälle seit dem Jahr 2006 zeigen sich in manchen Jahren etwas niedrigere, in anderen wieder etwas höhere Werte. Tendenziell ist die Höhe des Wertes um 12.000 Fälle pro Jahr jedoch eher gleichbleibend (BKA, 2017).

Tabelle 2: Polizeilich erfasste Delikte sexuellen Kindesmissbrauchs aus der Polizeilichen Kriminalstatistik (BKA, 2017; eigene Darstellung)

Sexueller Missbrauch von Kindern §§ 176, 176a, 176b StGB	
Jahr	Erfasste Fälle
2006	12.765
2007	12.772
2008	12.052
2009	11.319
2010	11.867
2011	12.444
2012	12.623
2013	12.437
2014	12.134
2015	11.808
2016	12.019

Mädchen haben im Verhältnis zu Jungen ein deutlich höheres Risiko, von sexuellem Missbrauch betroffen zu sein. Bei Kindern und Jugendlichen im Alter von 6 bis 14 Jahren sind Mädchen mit 75,2 % drei Mal so häufig betroffen wie Jungen (24,8 %). Bei den noch jüngeren Kindern unter 6 Jahren werden Mädchen mit 68,1 % doppelt so häufig sexuell missbraucht. In diesem Altersbereich sind 31,9 % der Jungen von sexuellem Missbrauch betroffen (BKA, 2017).

Ein deutlich höheres Risiko haben auch Kinder mit Behinderungen, die wegen körperlicher oder geistiger Einschränkungen über geringere Selbstschutz- oder Mitteilungsfähigkeiten verfügen (Schröttle et al., 2012). Weitere Risikofaktoren stellen besondere Belastungen in der Familie dar wie beispielsweise Drogen- oder Alkoholabhängigkeit der Mutter oder des Vaters, massive Ehekonflikte, harte Bestrafungspraktiken in der Familie oder der Tod eines Elternteils. Die Schichtzugehörigkeit hingegen ist nicht als Risikofaktor zu werten, es zeigt sich kein oder nur ein geringer Zusammenhang zum sozioökonomischen Status, d.h. Kinder aus allen

Schichten sind gleichermaßen von sexualisierter Gewalt betroffen (Bange & Enders, 2012).

Die polizeilich erfassten Fälle bilden das Ausmaß des Missbrauchs keinesfalls ab. Im Dunkelfeld liegen die nicht bekannt gewordenen Fälle sexuellen Missbrauchs.

Verschiedene Dunkelfeldstudien aus den 1990er Jahren beziffern das Ausmaß sexuellen Missbrauchs in der Kindheit bei Mädchen zwischen 12,5 und 29 %, bei Jungen zwischen 4 und 8,3 % (Enders, 2012, S. 18). In einer Studie des Kriminologischen Forschungsinstituts Niedersachsen wurden im Jahr 2011 rund 11.400 Personen im Alter von 16 bis 40 Jahren befragt, ob sie Opfer von sexuellem Missbrauch geworden sind. 5,2 % der Frauen und 1,1 % der Männer gaben an, unter 14 Jahren sexuellen Missbrauch mit Körperkontakt erlebt zu haben; 4,6 % der weiblichen und 1,3 % der männlichen Befragten berichten, exhibitionistischen Handlungen ausgesetzt gewesen zu sein, weitere 1,1 % der Mädchen und 0,3 % der Jungen gaben eine Betroffenheit von sonstigen sexuellen Handlungen an. Das ergibt in der Summe eine Prävalenz von 10,9 % bei Mädchen und 2,7 % bei Jungen (Staedtler, Bieneck & Pfeiffer, 2012, S. 22). Insgesamt wurde in dieser Studie im Vergleich zur Vorläuferstudie von 1992 ein deutlicher Rückgang der Fallzahlen festgestellt. Die Untersuchung wurde allerdings aus verschiedenen Gründen in Fachkreisen kritisiert, unter anderem wegen ihrer Definition des Begriffs „sexueller Missbrauch" sowie aufgrund der Formulierung der Fragen und der Auswahl der Befragten (Els, 2014; Enders, 2012).

Schätzungen für Deutschland auf Basis der Zahlen der WHO gehen davon aus, dass eine Millionen Minderjährige von sexueller Gewalt betroffen sind. Übertragen auf Schulklassen würde das bedeuten, dass ein bis zwei Kinder pro Schulklasse betroffen sind (Unabhängige Kommission zur Aufarbeitung sexuellen Missbrauchs, 2017; Goldbeck et al., 2017b).

In internationaler Sicht ermittelte der Bericht der WHO zur Prävention von Kindesmisshandlung für Europa eine Häufigkeit von 13,4 % bei Mädchen und von 5,7 % bei Jungen (Sethi et al., 2013, S. 15). Für die USA benennt Finkelhor (2009, S. 171) aus zwei Metastudien von 1999 und 2001 zu Befragungen von erwachsenen U.S.-Bürgerinnen und -Bürgern Zahlen von 25 bis 40 % der Frauen und von 8 bis 13 % der Männer, die von sexuellem Missbrauch im Lauf ihrer Lebensgeschichte berichten. Er weist darauf hin, dass die Raten für sexuellen Missbrauch in den vergangenen 15 Jahren gesunken sind, so dass die aktuellen Kinder-Kohorten wahrscheinlich nicht mehr in diesem berichteten Ausmaß in ihrem Leben von sexuellem Missbrauch betroffen sein werden.

Die Betroffenen sind unterschiedlichen Formen sexualisierter Gewalt ausgesetzt. Diese Formen werden nach Intensität unterschieden. Deegner gibt dazu als grobe Schätzung die in der Tabelle 3 berichteten Häufigkeiten an.

Tabelle 3: Unterschiedliche Formen sexualisierter Gewalt (Deegener, 2014, S. 32f)

Formen sexualisierter Gewalt	Häufigkeit
sehr intensiver sexueller Missbrauch versuchte oder vollendete vaginale, anale oder orale Vergewaltigung; Opfer musste Täter oral befriedigen oder anal penetrieren	15 %
intensiver sexueller Missbrauch Opfer musste vor Täter masturbieren; Täter masturbierte vor Opfer; Täter fasste Opfer an den Genitalien an; Opfer musste Täter an den Genitalien anfassen; Opfer musste Täter die Genitalien zeigen	35 %
weniger intensiver sexueller Missbrauch Täter versuchte, Opfer an den Genitalien anzufassen; Täter fasste die Brust des Opfers an; sexualisierte Küsse; Zungenküsse	35 %
sexueller Missbrauch ohne Körperkontakt Exhibitionismus; Opfer musste sich Pornos anschauen; Täter beobachtete Opfer beim Baden	15 %

Auch ist zu berücksichtigen, ob es sich um einen einmaligen Missbrauch handelt oder Missbrauch mehrmals und über längere Dauer erfolgt.

3.2.4 Informationen zu den Tätern oder Täterinnen und deren Strategien

Die Tatverdächtigen sind überwiegend männlich, aber sexueller Missbrauch wird auch von Frauen verübt. Während in den Zahlen der PKS aus dem Jahr 2016 knapp 5 % der polizeilich angezeigten Personen weiblichen Geschlechts sind, gehen Schätzungen, die das Dunkelfeld einbeziehen, von einem etwas höherem prozentualen Anteil an Täterinnen aus. Frauen wurden über lange Zeit nicht als Täterinnen in Betracht gezogen.

Ebenso entspricht es nicht der gängigen Vorstellung, dass Heranwachsende zu einem zahlenmäßig bedeutsamen Teil Kinder missbrauchen, obgleich dies in der Forschung schon lange bekannt ist. Auch sind nur etwa 10 % der Täter älter als 50 Jahre (Deegener, 2014).

Entgegen oftmals noch herrschenden Mythen sind bei den in der PKS 2016 erfassten Fällen nur rund 38 % der Täter oder Täterinnen unbekannte Personen, 55 % sind mit dem Opfer verwandt oder stammen aus dem näheren oder weiteren Bekanntenkreis und bei den verbleibenden 7 % ist die Beziehung ungeklärt.

In Dunkelfeldstudien findet sich jedoch ein noch geringerer Anteil von Unbekannten (rund 25 %, vgl. Zietlow, 2010, S. 10), was sich dadurch erklärt, dass Fremdtäter und Fremdtäterinnen häufiger angezeigt und dadurch im Hellfeld sichtbarer werden. Bekanntheit bezieht sich natürlich auch auf betreuende Personen in Kitas, Schulen, Sportvereinen und anderen Institutionen.

Das Vier-Faktoren-Modell von Finkelhor

Finkelhor (1984) beschreibt vier Voraussetzungen bei Tätern und Täterinnen zur Entstehung von sexuellem Missbrauch in seinem Vier-Faktoren-Modell:

- Der Täter bzw. die Täterin muss erstens zunächst eine Motivation zum sexuellen Missbrauch besitzen. Unterschiedliche Motivationen können sein: das Bedürfnis nach Macht und Dominanz, sexuelle Erregung durch Kinder, mit Erwachsenen gleichen Alters können sexuelle Bedürfnisse nicht befriedigt werden, Gefühl der emotionalen Übereinstimmung mit kindlichem und jugendlichem Erleben.
- Die Motivation alleine reicht jedoch noch nicht aus. Darüber hinaus müssen Täter oder Täterinnen zweitens auch innere Hemmschwellen (verinnerlichte Normen, Wissen um Strafbarkeit) und drittens äußere Hemmschwellen (kein Kontakt zu Kindern, keine Gelegenheit) sowie viertens den Widerstand des Opfers überwinden.

Daher geschieht sexueller Missbrauch in der Regel nicht zufällig, sondern wird geplant. Täter oder Täterinnen handeln demnach strategisch (Finkelhor, 1984; Enders, 2012).

Strategien der Täter und Täterinnen

Die folgenden Verhaltensweisen sind typische Strategien von Tätern und Täterinnen:

- *Täter und Täterinnen bereiten ihre Taten langfristig vor*
  Gelegenheiten werden zielgerichtet geschaffen, die Kinder und Personen im Umfeld werden manipuliert. Der Kontakt zu Kindern wird angebahnt, z. B. durch die Wahl einer beruflichen oder ehrenamtlichen Tätigkeit mit Kindern oder durch Beziehungen mit alleinerziehenden Müttern. Täter und Täterinnen bauen eine vertrauensvolle Beziehung zu den Kindern und zu Personen in deren sozialer Umwelt auf und erscheinen der Außenwelt engagiert und vertrauenswürdig.
- *Täter und Täterinnen suchen gezielt verletzliche Kinder*
  Sie wählen Opfer aus, die leichter zu erreichen und weniger geschützt sind, z. B. weil sie und ihre Eltern verschiedenen Belastungen ausgesetzt sind, bereits Gewalt erfahren haben oder vernachlässigt sind und auf spezielle Zuwendung besonders ansprechen.
- *Täter und Täterinnen testen die Widerstandsfähigkeit der Kinder aus*
  Sie gestalten sexuelle Übergriffe als spielerische Situationen und gehen schrittweise vor. Die Grenzüberschreitungen passieren langsam und schleichend, z. B.

durch scheinbar zufällige grenzüberschreitende Berührungen, bei denen getestet wird, ob das Kind Widerstand leistet und sich abgrenzt. Wenn es das nicht tut, gehen die Täter und Täterinnen beim nächsten Test einen Schritt weiter. Auf diese Weise wird das Kind zunehmend in sexualisierte Situationen verwickelt. Die Wahrnehmung des Kindes wird verunsichert und vernebelt, Grenzüberschreitungen werden normalisiert. Kinder, die eine derartige Desensibilisierung erleben, zweifeln dann an sich und ihren Gefühlen, z. B. wenn sie eine Berührung nicht mögen oder eklig finden, der Täter oder die Täterin sich aber so verhält, als ob das für jedes andere Kind ganz normal wäre.
- *Täter und Täterinnen sichern sich das Schweigen ihrer Opfer*
Der Missbrauch wird zum gemeinsamen Geheimnis erklärt, der Druck zur Geheimhaltung z. B. durch Bestechung oder Drohungen verstärkt. Kinder empfinden dabei oft Schuld- oder Schamgefühle und fühlen sich mit verantwortlich für das Geschehen (Enders, 2012; Jäger et al., 2013; Kuhle et al., 2015).

3.2.5 Folgen von sexualisierter Gewalt

Mit welchen Folgen sexualisierte Gewalt verbunden ist und wie stark diese sind, hängt von verschiedenen Einflussfaktoren ab. Es spielt eine Rolle, wie häufig und schwer das Kind missbraucht wurde und wie die Beziehung zum Täter oder zur Täterin war. Auch reagieren Kinder individuell unterschiedlich auf die erlebte Gewalt. Nicht alle sexuell missbrauchten Kinder leiden (lebenslang) unter Folgeerscheinungen, einige Betroffene erweisen sich als resilient, sie erhalten „ein gesundes Funktionsniveau aufrecht und zeigen eine gute Anpassung" (Goldbeck et al., 2017a, S. 19). Schutzfaktoren wie Selbstwirksamkeitsüberzeugungen, Problemlöseverhalten, Sozialkompetenz oder eine zuverlässige, unterstützende emotionale Beziehung in der Familie oder zu anderen Bezugspersonen helfen dabei, das Erlebte zu verarbeiten (ebd.; Bange, 2015).

Die Reaktionen nach sexuellem Missbrauch ähneln denen nach anderen traumatischen Erlebnissen. Es gibt daher keine eindeutigen Symptome, aber unspezifische Hinweise, bei denen es wichtig ist, aufmerksam hinzuschauen.

Hinweise, bei denen genauer hingeschaut werden sollte

Ein Teil der Kinder zeigt zunächst keine Auffälligkeiten, bei anderen gibt es Hinweise durch Verhaltensänderungen.

Solche Verhaltensänderungen können sein:
- Auffallende Ängstlichkeit
- Rückzug in sich selbst

- Auffällige plötzliche Verhaltensänderungen, aggressives oder unterwürfiges Verhalten
- Essstörungen, Schlafstörungen
- Offensichtliche Vermeidung mit einem bestimmten Menschen alleine zu sein
- Vermeiden von Situationen, die an die Gewalterfahrung erinnern
- Sexualbetontes (sexualisiertes) Verhalten (z. B. altersunangemessenes sexuelles Spielen)
- Nachspielen der Gewalterfahrung (insbesondere im Vorschulalter)
- Körperliche Auffälligkeiten (z. B. Verletzungen)
- Häufiges Kranksein

Es ist jedoch wichtig zu beachten, dass diese Verhaltensweisen auch viele andere Ursachen haben können und daher keinesfalls als spezifische Hinweise für sexuellen Missbrauch verstanden werden dürfen (Polizeiliche Kriminalprävention, 2014; Goldbeck et al., 2017b).

Zugleich ist es bedeutsam, solche Verhaltensänderungen wahrzunehmen, dem Kind Aufmerksamkeit zu schenken und der Frage nachzugehen, was die Hintergründe der Verhaltensänderung sein könnten. Möglicherweise lässt sich die Verhaltensänderung auch auf ein einschneidendes Ereignis wie eine Scheidung oder einen Todesfall zurückführen. Aber sie kann auch ein Signal für eine Gewalterfahrung sein.

3.2.6 Grundsätze im Umgang mit Verdachtsfällen

Wenn ein Verdacht auf sexuellen Missbrauch von Kindern in einer Einrichtung aufkommt, ist es wichtig, die im Folgenden aufgeführten Grundsätze zur Verdachtsklärung und Intervention zu beachten (Goldbeck et al., 2017b; Jäger et al., 2013).

Ruhe bewahren

Es ist wichtig, nicht spontan und aus einem Gefühl der Empörung heraus zu handeln, sondern sich zunächst selbst zu beruhigen, um für das Kind da sein und nächste Schritte überlegen zu können.

Dokumentation

Es ist wichtig, die Aussagen des Kindes, den Dialog mit ihm und andere Auffälligkeiten möglichst genau und sachlich zu dokumentieren und dabei die verwendeten Worte des Kindes genau wiederzugeben. Beim Dokumentieren sollten eigene Wahrnehmungen und Einschätzungen/Vermutungen sowie Aussagen von anderen Personen zum Geschehen voneinander unterschieden werden. Neben Gesprächen werden auch Handlungsschritte dokumentiert und alle Notizen mit dem jeweiligen Datum versehen.

Information der Leitung in der Einrichtung

Es ist wichtig, sich im Verdachtsfall an die Einrichtungsleitung zu wenden und mit ihr das weitere Vorgehen zu besprechen. Eventuell kann es hilfreich sein, auch mit weiteren Vertrauenspersonen in der Einrichtung Beobachtungen auszutauschen oder durch Gespräche weitere Informationen zu gewinnen. Es muss dabei aber darauf geachtet werden, dass mit Daten sensibel umgegangen wird und die gesetzlichen Datenschutzrichtlinien beachtet werden. Es ist auch möglich, Vorfälle zunächst anonym zu besprechen.

Hinzuziehung einer „insofern erfahrenen Fachkraft" oder Unterstützung durch eine Fachberatungsstelle

Es ist wichtig, speziell für dieses Thema qualifizierte Personen zur Einschätzung der Situation und des weiteren Vorgehens hinzuzuziehen. Eine Fachberatungsstelle kann Rat und Unterstützung bieten und für Entlastung sorgen. Gemeinsam mit thematisch versierten Fachkräften ist es möglich zu besprechen, wie das Kind bestmöglich unterstützt werden kann, was zur Klärung des Verdachts beiträgt und welches weitere Vorgehen in dem vorliegenden Fall sinnvoll ist.

Nicht die verdächtige Person konfrontieren

Es ist wichtig, die tatverdächtige Person nicht im Alleingang zu konfrontieren. Die verdächtigte Person würde die Tat vermutlich leugnen, das Kind vermehrt unter Druck zur Geheimhaltung setzen und vielleicht vorhandenes Beweismaterial vernichten. Bei einem irrtümlichen Verdacht kann ein Familiensystem Schaden nehmen. Das weitere Vorgehen muss zunächst mit Fachkräften geplant werden.

Verhalten, wenn sich Kinder anvertrauen

Kinder, die sexualisierte Gewalt erfahren haben, benötigen Schutz und Sicherheit. Sie brauchen Erwachsene, die Ruhe bewahren und ihnen Halt geben. Übereiltes, impulsives Verhalten kann die Situation noch schwieriger machen. Es geht nicht darum, sofort einen Ausweg zu wissen, sondern zunächst ist es wichtig, zuzuhören, Informationen zu sammeln und für das Kind da zu sein.

Folgende Tipps und Hinweise gibt Ursula Enders zum Verhalten, wenn sich ein sexuell missbrauchtes Kind den Eltern bzw. pädagogischen Fachkräften anvertraut (2012, S. 208f):

- „Reagieren Sie ruhig und überlegt! Allzu heftige Reaktionen belasten betroffene Kinder und Jugendliche und lassen sie meist erneut verstummen.
- Machen Sie keine Vorwürfe, auch wenn das Mädchen/der Junge sich Ihnen erst sehr spät anvertraut hat.
- Loben Sie das Kind dafür, dass sie/er den Mut hat, sich anderen anzuvertrauen und sich Hilfe zu holen.
- Stellen Sie in einem ruhigen Tonfall offene Fragen über den Ablauf der Handlungen. *(Zum Beispiel: Und was ist dann passiert? Was hat xy danach gemacht?)*

- Geben Sie dem Mädchen/dem Jungen keine Details vor!
- Akzeptieren Sie es, wenn das Mädchen/der Junge nicht (weiter)sprechen will.
- Überfordern Sie das Kind oder die/den Jugendlichen nicht mit bohrenden Fragen nach Einzelheiten.
- Stellen Sie sachlich fest, dass die Handlungen nicht in Ordnung, blöd, gemein ... waren.
- Stellen Sie die Aussagen des Opfers nicht infrage – auch wenn diese unlogisch sind/scheinen.
- Diskutieren Sie nicht darüber, ob das Mädchen/der Junge etwas falsch gemacht hat. Die Verantwortung für einen sexuellen Übergriff trägt niemals das Opfer!
- Vermeiden Sie Forderungen nach drastischen Strafen für Täter/Täterinnen, sonst können sich betroffene Kinder und Jugendliche Ihnen meist nicht (weiter) anvertrauen! Die Mehrzahl der Opfer möchte sich nicht dafür verantwortlich fühlen, dass der Täter/die Täterin ins Gefängnis kommt oder der eigene Vater bestraft wird, wenn er zum Beispiel Selbstjustiz verübt und den Täter zusammenschlägt.
- Schützen Sie das Opfer vor Kontakten mit dem Täter/der Täterin!
- Trösten und pflegen Sie das betroffene Mädchen/den Jungen!
- Versprechen Sie nichts, was Sie nicht halten können!"

Dem betroffenen Kind kann also kein Schweigeversprechen gegeben werden.

Muss bei einem Verdacht Strafanzeige gestellt werden?

Diese Frage ist immer wieder drängend, daher wird im Folgenden ein Ausschnitt aus einem Informationspapier des Unabhängigen Beauftragten für Fragen des sexuellen Kindesmissbrauchs zitiert (2014):

> Eine allgemeine Anzeigepflicht begangener Straftaten besteht in Deutschland nicht, weder für Privatpersonen noch für Institutionen – mit Ausnahme der Strafverfolgungsbehörden.
>
> Jede und jeder ist aber verpflichtet, bei Unglücksfällen die mögliche, zumutbare und erforderliche Hilfe zu leisten. Sonst liegt unterlassene Hilfeleistung (§ 323c Strafgesetzbuch) vor. Auch drohende oder gegenwärtige Straftaten gegen die sexuelle Selbstbestimmung können „Unglücksfälle" sein, wenn sie mit einer erheblichen Gefahr für das betroffene Mädchen bzw. den betroffenen Jungen verbunden sind. Diese Pflicht umfasst aber keine Verpflichtung zur Strafanzeige gegen den Täter bzw. die Täterin.
>
> Bei Personen, die als „Garanten" zum Schutz von Kindern bzw. Jugendlichen berufen sind, z. B. Eltern, Lehrerinnen und Lehrern, Trainerinnen und Trainern, geht die Verpflichtung noch weiter: Sie müssen sexuelle Übergriffe von den ihnen anvertrauten Kindern bzw. Jugendlichen abwenden. Wer nicht einschreitet, kann dadurch eine Straftat

durch Unterlassen (etwa Beihilfe zu sexuellem Missbrauch gegen Kinder und Jugendliche durch Unterlassen) begehen. Aber auch diese Schutzpflicht bedeutet keine Verpflichtung zur Strafanzeige, wenn andere zumutbare Maßnahmen zur Verhinderung weiterer sexueller Übergriffe vorgenommen werden. (S. 2)

Eine Anzeigepflicht wurde vom Runden Tisch „Sexueller Kindesmissbrauch" diskutiert, aber nicht eingeführt. Fachleute hatten sich dagegen ausgesprochen, um es Kindern und Jugendlichen weiterhin zu ermöglichen, sich jemandem anzuvertrauen, ohne dass zwangsläufig eine Strafanzeige erstattet wird und es zu einem Strafverfahren kommt.

Vor der Erstattung einer Anzeige sollten die Kinder und ihre Eltern bzw. Vertrauenspersonen unbedingt eine fachliche Beratung in Anspruch nehmen, um Informationen über den Verlauf und die Folgen eines Strafverfahrens zu erhalten und die Situation für das Kind einzuschätzen. Eine erstattete Anzeige zu sexuellem Kindesmissbrauch kann nicht zurückgenommen, sondern muss weiterverfolgt werden.

3.2.7 Kindliche Sexualität und Übergriffe unter Kindern

Bei sexuellen Handlungen unter Kindern muss unterschieden werden zwischen Handlungen, die im Zuge einer normalen Entwicklung der kindlichen Sexualität auftreten können, wie beispielsweise in Doktorspielen, und grenzverletzenden Verhaltensweisen. Letztere müssen zum Schutz der Beteiligten unterbunden werden.

Kindliche Sexualität

Kindliche Sexualität ist nicht mit der Sexualität Erwachsener gleichzusetzen. Kinder erforschen ihren Körper und ihre Gefühle. Das schließt die Erkundung lustvoller und weniger lustvoller Empfindungen ein. Sie erforschen gleichermaßen ihren Nabel, ihre Zehen und ihre Genitalien. Das Interesse für die Körper anderer Personen ist Teil des Prozesses der Körpererkundung.

Das Wissen um die eigene Geschlechtszugehörigkeit gehört ebenfalls zur kindlichen Sexualität. Die eigene Geschlechtsidentität beginnt sich im Alter von ca. zwei Jahren herauszubilden. Neben dem Wissen um genitale Geschlechtsunterschiede sind die Zuordnung von äußerlichen Zeichen der Geschlechtsrolle wie Frisur, Kleidung oder bestimmten Verhaltensweisen für die eigene Identität und auch für die Identifizierung des Geschlechts anderer Personen bedeutsam.

Goldbeck et al. (2017b) unterscheiden normales kindliches Sexualverhalten von auffälligem Verhalten anhand der in der Tabelle 4 dargestellten Einordnung.

Tabelle 4: Normales und problematisches Verhalten bei Vorschulkindern (aus Goldbeck et al., 2017b, S. 15)

Normales Verhalten	Deutlich auffälliges Sexualverhalten
Die Verhaltensweisen sind selten und vorübergehend und die Kinder sind von diesen leicht abzulenken.	Die Verhaltensweisen treten häufig auf und sind anhaltend. Das Kind reagiert verärgert, wenn es von den Verhaltensweisen abgelenkt wird.
<ul><li>Berühren der eigenen Geschlechtsteile</li><li>Selbstbefriedigung (heimlich oder öffentlich)</li><li>Interesse an Geschlechtsteilen anderer Kinder:<ul><li>z. B. Anschauen oder Anfassen der Geschlechtsteile anderer Kinder oder neuer Geschwister</li><li>gegenseitiges Zeigen der Geschlechtsteile unter Kindern</li></ul></li><li>Versuche, Gleichaltrige/Erwachsene nackt zu sehen</li></ul>	Das sexuelle Verhalten<ul><li>bezieht Kinder mit mehr als vier Jahren Altersunterschied ein,</li><li>ist häufig (täglich) zu beobachten,</li><li>ist in vielfältigen Variationen zu beobachten,</li><li>geht mit körperlichem oder emotionalem Schmerz von Beteiligten einher,</li><li>geht mit körperlicher Gewalt oder Zwang einher.</li></ul>

Das Interesse am eigenen Körper oder dem Körper anderer ist Teil der normalen kindlichen Entwicklung. Erst in Verbindung mit den in der Tabelle 4 genannten Kriterien (häufiges, andauerndes Auftreten, Anwendung von Gewalt, Altersabstand) ist es als problematisch anzusehen.

Sexuelle Übergriffe unter Kindern

Wenn Kinder bei anderen Kindern sexuelle Grenzverletzungen begehen, wird von sexuell übergriffigen Kindern gesprochen, Kinder werden nicht als Täter oder Täterinnen bezeichnet. Sexuelle Handlungen von Kindern sind nicht strafbar und es scheint auch nicht sinnvoll, sie in frühem Alter begrifflich zu kriminalisieren.

Enders (2012, S. 270) definiert es folgendermaßen: „Sexuelle Übergriffe unter Kindern sind sexuelle Handlungen, die wiederholt, massiv und/oder gezielt die persönlichen Grenzen anderer Mädchen und Jungen verletzen."

Nach Enders (2012, S. 284) sind die folgenden Verhaltensweisen von Kindern als übergriffig einzustufen, hier muss die Fachkraft pädagogisch eingreifen und sowohl Grenzen als auch Regeln aufzeigen:

Ein Mädchen/Junge ...
- verwendet eine stark sexualisierte Sprache – ausgeprägter als andere Kinder
- ist in Doktorspiele mit älteren oder jüngeren Kindern verwickelt

- versucht, andere Kinder zu sexuellen Handlungen zu überreden
- verletzt sich selbst oder andere an den Genitalien
- legt anderen Kindern ein Geheimhaltungsgebot über sexuelle Handlungen auf
- fordert andere Kinder zu Praktiken der Erwachsenensexualität auf
- spielt oder spricht über Handlungen, die einer Erwachsenensexualität entsprechen. (S. 284)

Macht und Unfreiwilligkeit sind zentrale Merkmale von sexuellen Übergriffen unter Kindern, z. B. wenn Kinder von anderen unter Druck gesetzt oder gezwungen werden. Aber auch spielerischer Überschwang kann zu sexuellen Übergriffen führen, die ein pädagogisches Einschreiten erfordern.

Sexuelle Übergriffe unter Kindern werden in Fachkreisen erst seit wenigen Jahren so stark beachtet. Ein Grund dafür ist die höhere pädagogische Sensibilität für sexuelle Übergriffe (Freund, 2010). Nach Freund haben Übergriffe in ähnlicher Weise bereits vor 20 oder 30 Jahren stattgefunden, wären damals aber eher als normal unter Kindern bewertet worden, wohingegen sie heute als Gewalt eingestuft würden. Ein fachlich gelungener Umgang mit sexuellen Übergriffen wird von ihr als langfristige Missbrauchsprävention bezeichnet (ebd., S. 47). Wenn ein Kind erlebt, dass ein solcher Vorfall nicht übergangen und bagatellisiert wird, lernt es, dass seine Grenzen nicht einfach verletzt werden dürfen und dass es sich lohnt, Hilfe zu holen. Zugleich ist eine Intervention auch Täterprävention, denn das übergriffige Kind erfährt, dass es gestoppt wird, da es sich um keinen Spaß handelt, sondern um eine nicht geduldete Missachtung einer Grenze. Entscheidend für die präventive Wirkung ist, dass von Anfang an und konsequent auf sexuelle Übergriffe reagiert wird. Im Kindergartenalter sollte es deshalb klare Regeln und Orientierung bezüglich Möglichkeiten und Grenzen von Spielen zur gegenseitigen Erkundung wie bei Doktorspielen geben.

Wie unterscheiden sich Doktorspiele von sexuellen Übergriffen?

Bei Doktorspielen untersuchen die Kinder gegenseitig ihre Körper. Interaktive Spiele, bei denen körperliche Unterschiede und Geschlechtsrollen erforscht werden, gehören zur normalen Entwicklung von Kindern. Dies geschieht z. B. ebenfalls in Vater-Mutter-Kind-Spielen, in denen geschlechtsbezogenes Rollenverhalten als Vater oder Mutter und häufig auch die Geburt eines Kindes nachgespielt wird. Diese Themen sind Teil der geschlechtsbezogenen Entwicklung im Kindesalter. Wissen und Erfahrungen werden in körperbezogenen und sozialen Bereichen erworben, die vielfältig miteinander verwoben sind.

Bei der Einschätzung, ob sexuelle Handlungen von Kindern grenzverletzend sind oder nicht, können die folgenden Punkte zur Abwägung und Bewertung herangezogen werden (Freund, 2010; Freund & Riedel-Breidenstein, 2016; Jäger et al., 2013):

a) *Unfreiwilligkeit*
Ein sexueller Übergriff liegt vor, „wenn sexuelle Handlungen durch das übergriffige Kind erzwungen werden bzw. das betroffene Kind sie unfreiwillig duldet oder sich unfreiwillig daran beteiligt" (Freund, 2010, S. 49). Übergriffssituationen sind durch Anwendung körperlicher Gewalt, Ausüben von Druck oder Manipulation des betroffenen Kindes gekennzeichnet. Sie sind für die pädagogischen Fachkräfte nicht immer erkennbar bzw. nachvollziehbar. Wenn ein Kind offensichtlich protestiert, ist es leicht, Unfreiwilligkeit zu erkennen. Jedoch gibt es auch Situationen, in denen ein Kind durch etwas gefügig gemacht wurde und scheinbar freiwillig mitmacht, z. B. wenn das übergriffige Kind ihm sagt, dass es sonst nicht wie die anderen zum Geburtstag eingeladen wird. Es erfordert daher Fingerspitzengefühl und Einblick in die Gruppendynamik, um die jeweilige Situation einzuschätzen, es reicht nicht aus, dass betroffene Kinder die Situation in Ordnung finden oder keine Abwehr zeigen. Auch kann eine zunächst freiwillige Beteiligung unfreiwillig werden, wenn ein Kind nicht mehr weiter mitmachen möchte und andere darüber hinweggehen. Ob Freiwilligkeit gegeben ist, hängt also oft von der spezifischen Situation, dem Zeitpunkt und dem persönlichen Verhältnis zwischen den Kindern ab.

b) *Machtgefälle*
Häufig suchen sich sexuell übergriffige Kinder unterlegene Kinder aus und nutzen dieses Machtgefälle, um sich über die Grenzen oder den Widerstand eines Kindes hinwegzusetzen. Ein Machtgefälle kann sich aus unterschiedlichen Bedingungen ergeben. Es kann verursacht sein durch einen Altersunterschied, durch körperliche oder kognitive Unterlegenheit des betroffenen Kindes oder seinem Wunsch, zu einer bestimmten Gruppe dazuzugehören. Auch Beliebtheit oder Unbeliebtheit, Abhängigkeit, eine Anführer- oder Außenseiterposition, das Geschlecht, der soziale Status oder ein Migrationshintergrund können in der Hierarchie eine Rolle spielen.

c) *Erwachsenensexualität*
Das Praktizieren von Elementen der Erwachsenensexualität wie vaginalem, oralem oder analem Geschlechtsverkehr muss von der spielerischen Imitation sexueller Praktiken unterschieden und unterbunden werden.

d) *Sexuelle Übergriffe im Überschwang*
Bei dieser Form des Übergriffs geht es nicht um die Ausübung von Macht. Die Grenzverletzung geschieht hier aus starker sexueller Neugier, durch die der Wille des anderen Kindes übergangen wird, die Motivlage ist also anders. Typisch für den Übergriff im Überschwang ist, dass die Kinder zunächst einvernehmlich sexuelle Aktivitäten ausprobiert haben, ein Kind dann nicht mehr weitermachen möchte, während das andere nicht aufhören möchte, weil es gerade so spannend war und es auf diese Weise zu Grenzverletzungen kommt.

Ein sexualpädagogisches Konzept in der Einrichtung ist hilfreich für die Klarheit und Sicherheit mit diesen Themen im Umgang mit Kindern und Eltern. Dazu gehören sowohl grundlegende Informationen zur kindlichen Sexualität, zu sexuellen Übergriffen und zu Handlungsmöglichkeiten als auch eine themenbezogene Auseinandersetzung mit der eigenen Berufsrolle und im Team. Ein Aspekt in einem solchen sexualpädagogischem Konzept sind Regeln für Doktorspiele.

Weiterführende Informationen zum Thema Doktorspiele sind bei Enders (2012) zu finden.

Sie sollten im Rahmen von sexualpädagogischen Konzepten intensiv im Team reflektiert und mit den Eltern abgestimmt werden.

Literaturhinweise zur Vertiefung

Kindesmissbrauch

Deegener, G. (2014). *Kindesmissbrauch – Erkennen, helfen, vorbeugen.* Weinheim: Beltz.
Enders, U. (Hrsg.). (2012). *Grenzen achten. Schutz vor sexuellem Missbrauch in Institutionen.* Köln: Kiepenheuer & Witsch.
Goldbeck, L., Allroggen, M., Münzer, A., Rassenhofer, M. & Fegert, J. (2017). *Ratgeber Sexueller Missbrauch. Information für Eltern, Lehrer und Erzieher.* Göttingen: Hogrefe.

Sexualpädagogik

Maywald, J. (2013). *Sexualpädagogik in der Kita: Kinder schützen, stärken, begleiten.* Freiburg: Herder.
Deutsche Liga für das Kind (Hrsg.). (2014). Sexualpädagogik. *Zeitschrift frühe Kindheit, 3.*
Enders, U. & Wolters, D. (2013). *Wir können was, was ihr nicht könnt: Ein Bilderbuch über Zärtlichkeit und Doktorspiele.* Köln: mebes & noack.

4 Das ReSi-Förderprogramm für Kinder: Konzeption, Evaluation und Anwendung in der Praxis

4.1 Konzeption des ReSi-Förderprogramms

4.1.1 Bildungsauftrag und Kompetenzerwerb in Kindertageseinrichtungen

Kompetenzen werden als Leistungsdispositionen betrachtet, die eine Person erwerben kann. Von Bedeutung ist dabei das Verständnis, dass die Selbsttätigkeit bei der Aneignung von Kompetenzen die wesentliche Rolle spielt, da „man Kompetenzen nicht *lernen* kann und dann ein für allemal *hat*, sondern dass man sie *selbstorganisiert* und *handlungspraktisch erwirbt*, und dass an diesem Prozess der ganze Mensch mit seinen Motivationen und Emotionen sowie mit seinen biographischen Prägungen beteiligt ist (kursiv i. O.)" (Fröhlich-Gildhoff, Nentwig-Gesemann & Pietsch, 2011, S. 18). Eine kompetenzorientierte Pädagogik versteht sich als ein Ansatz, der dazu beiträgt, sich von der Defizit- und Leistungsorientierung im Bereich der frühkindlichen Förderung zu lösen. So wird der Blick auf vorhandene Stärken und Ressourcen von Kindern gelenkt. Durch die Ausbildung von Lebenskompetenzen (WHO, 1994) werden personale und soziale Ressourcen bei Kindern gestärkt, die in engem Zusammenhang zur Ausbildung von Schutzfaktoren und seelischer Widerstandsfähigkeit (Resilienz) gesehen werden (Wustmann, 2009). Durch das Erkunden, Ansprechen und Bekräftigen von Stärken können Kinder in ihrem Vertrauen in eigene Fähigkeiten gestärkt werden und so optimale Voraussetzungen für individuelles Wachstum und Entwicklung erfahren.

Nach einer bundesweiten Diskussion über den Bildungsauftrag von Kindertageseinrichtungen verständigten sich die Bundesländer auf der Kultusministerkonferenz 2004 in einem „gemeinsamen Rahmen der Länder für die frühe Bildung in Kindertageseinrichtungen" auf übergeordnete Bildungsziele. Die detaillierten Inhalte der allgemein festgelegten Bildungsziele und deren Umsetzung sollten jeweils in den einzelnen Bundesländern erarbeitet werden. Ergebnis davon waren länderspezifische Bildungspläne, in denen Bildungsbereiche, zu erwerbende Kompetenzen und Schlüsselprozesse, die diesen Kompetenzerwerb unterstützen sollten, definiert wurden. Als Schlüsselprozesse wurden u. a. die Partizipation von Kindern, die Einbeziehung der Eltern, sowie Beobachtung und Evaluation als Qualitätskriterien benannt.

Auch von Seiten der Hirnforschung (z. B. Hüther, 2008; Friedrich & Streit, 2002) erfährt die Kompetenzorientierung im frühpädagogischen Bereich Unterstützung. Lernerfahrungen auf der Basis einer ressourcenorientierten Haltung zu schaffen, trägt dazu bei, die kindliche Neugierde zu wecken, ihrem Grundbedürfnis nach Anerkennung und dem spielerischen Erkunden ihrer eigenen Möglichkeiten Rechnung zu tragen und sie damit in der Ausbildung einer nachhaltigen Lernmotivation zu unterstützen.

4.1.2 Kompetenzbereiche im ReSi-Förderprogramm für Kinder

4.1.2.1 Emotionale Kompetenzen

Emotionen sind aktuelle Zustände von Personen, die sich nach Art oder Qualität und Intensität voneinander unterscheiden lassen und mit einem charakteristischen Erleben, bestimmten physiologische Veränderungen und spezifischen Verhaltensweisen verbunden sind (Meyer, Schützwohl & Reisenzein, 1993).

Emotionale Kompetenzen beinhalten die Fähigkeit, mit Gefühlen und Bedürfnissen umgehen zu können, sowohl für sich alleine, als auch im Zusammensein mit Anderen. Unterschiedliche Modelle der Emotionalen Intelligenz bzw. Kompetenz (wie z. B. Salovey & Mayer, 1990; Saarni, 1990; Rose-Krasnor, 1997; Goleman, 1997) haben gemeinsam, dass das Verständnis eigener Emotionen, das der Emotionen anderer und die Regulation von Emotionen zentrale Komponenten darstellen (Klinkhammer & Salisch, 2015).

Emotional kompetente Kinder können – in altersentsprechender Ausprägung – vielfältige Gefühle unterscheiden. Sie können ihre Gefühle angemessen ausdrücken und regulieren und die Gefühle anderer Menschen erkennen und verstehen. Zu den Bereichen, in denen Kinder emotionale Fertigkeiten entwickeln, gehören Petermann und Wiedebusch (2016, S. 14) zufolge:

- „der eigene mimische Emotionsausdruck,
- das Erkennen des mimischen Emotionsausdrucks anderer Personen,
- der sprachliche Emotionsausdruck,
- Emotionswissen und -verständnis sowie
- selbstgesteuerte Emotionsregulation".

Eine zentrale Funktion des Emotionsausdrucks ist die Kommunikation. Die Emotionen von anderen wahrnehmen und deuten können, sich in andere einfühlen und sie in ihrer Regulation zu unterstützen, sind zentrale Fähigkeiten, die ein soziales Miteinander ermöglichen. Daher sind emotionale Kompetenzen eng mit sozialen verflochten. Während bei emotionalen Kompetenzen der Umgang mit Gefühlen im Fokus steht, rücken bei sozialen Kompetenzen die Beziehungen und die Verhandlung der eigenen Interessen in der Interaktion mit anderen in den Mittelpunkt.

4.1.2.2 Körperbezogene Kompetenzen

Körperbezogene Themen und Erfahrungen sind ein zentraler, allerdings häufig vernachlässigter, Inhalt frühkindlicher Bildung. Im Bereich der körperbezogenen Kompetenzen können motorische Fertigkeiten von Körperwissen und -gefühl unterschieden werden. Im vorliegenden Ansatz wird die Motorik ausgeklammert und stattdessen der Fokus auf Körperwissen und Körperempfindungen gelegt. Dazu gehören Wissen über den eigenen Körper, sprachliche Ausdrucksfähigkeit im Benennen von Körperteilen und körperlichen Empfindungen, die Wahrnehmung körperlicher Bedürfnisse, die Erfahrung von Körpergrenzen und das Respektieren von körperlichen Empfindungen und Körpergrenzen anderer. Dies berührt das Thema kindliche Sexualität, welches sich klar von erwachsener Sexualität unterscheidet.

Ein entwicklungspsychologisches Verständnis von kindlicher Sexualität ist multidimensional und umfasst Beziehungs-, Lust- und Identitätsaspekte, die das kindliche Wohlbefinden fördern können. Wanzeck-Sielert (2010) spricht in diesem Zusammenhang von sexueller Bildung, die es ermöglicht, dass Kinder auf individuelle Entdeckungsreisen gehen, um ihren Körper auch im Kontakt mit anderen kennenzulernen. Sie lernen sich dabei selbst kennen in einem Prozess der Ausbildung der eigenen Identität. Durch dieses Erfahrungsfeld können Kinder in diesem Bereich Selbstsicherheit aufbauen und Grenzen bei sich und anderen erfahren und damit ihre Resilienz und Widerstandskraft stärken. Somit wird sexuelle Bildung als ein bedeutender Baustein der Persönlichkeitsentwicklung erachtet.

4.1.2.3 Soziale Kompetenzen

Soziale Kompetenzen bilden die Voraussetzung für eine gute Integration in die soziale Gemeinschaft. Sie sind mit emotionalen, sprachlichen und kognitiven Kompetenzen verknüpft, denn sie setzen Perspektivenübernahme (kognitiv), Empathie (emotional) und kommunikative Fähigkeiten (sprachlich) voraus. So wird es möglich, eine Repräsentation des Verhaltens anderer aufzubauen und sich auf Andere bezogen sinnvoll zu verhalten.

Dabei ist der Begriff der sozialen Kompetenz relativ. Was als sozial kompetentes Verhalten bewertet wird, hängt zum einen von den Interessen ab, die eine Person in einer bestimmten Situation verfolgt. Darüber hinaus sind auch die jeweils herrschenden Normen und Werte einer sozialen Umgebung maßgeblich. Die soziale Umgebung umfasst dabei die Kultur, die Gesellschaft, aber auch die kleinere soziale Gruppe, in der Kinder aufwachsen (Pfeffer, 2017).

Caldarella und Merrell (1997) unterscheiden folgende soziale Kompetenzen:

1. Fähigkeit zur Bildung positiver Beziehungen zu anderen (z. B. Perspektivenübernahme, andere wahrnehmen, unterstützen oder loben),
2. Selbstmanagement-Kompetenzen (z. B. die eigene Gefühlslage kontrollieren und Konflikte bewältigen),
3. Kognitive Kompetenzen (z. B. Anweisungen befolgen und um Hilfe bitten),
4. Kooperative Kompetenzen (z. B. Normen und Regeln anerkennen und Interessen verhandeln),
5. Positive Selbstbehauptung und Durchsetzungsfähigkeiten (z. B. Bedürfnisse äußern und nachhaltig eigene Interessen vertreten).

Die genannten Kompetenzen lassen sich zwei übergeordneten Bereichen zuordnen: wie Kinder in Beziehung zu Anderen treten und wie sie sich positiv selbst behaupten im Hinblick auf die Erfüllung ihrer eigenen Bedürfnisse und die Durchsetzung ihrer Interessen. Positive Selbstbehauptung umfasst sowohl die Fähigkeit, eigene Interessen in der Interaktion zu vertreten (Hinsch & Pfingsten, 2002; Pfingsten, 2009), als auch die Fähigkeit, sich auf Normen und Werte des Umfelds zu beziehen (DuBois & Felner, 1996). So kann ein Ausgleich der Interessen beteiligter Personen hergestellt werden (Kanning, 2002, 2005). Positive Selbstbehauptung ist somit als Verbindung von Durchsetzung und Anpassung zu verstehen.

4.1.2.4   Sprachlich-erzählerische Kompetenzen

Im Bereich der sprachlichen Kompetenzen werden *rezeptive* und *produktive* Sprachkompetenzen voneinander unterschieden. Im rezeptiven Bereich werden neben dem Verständnis von Anweisungen, Erklärungen und Sätzen mit einfachen und komplexeren grammatikalischen Strukturen auch das Erkennen von Ursache-Wirkungszusammenhängen und das Lesen von Buchstaben und Wörtern zusammengefasst.

Im Bereich der produktiven Sprachkompetenzen wird ein besonderes Augenmerk auf die Erzählfähigkeit der Kinder gelegt, da diese auch kognitive Basiskompetenzen, wie das Formulieren von Ursache-Wirkungszusammenhängen, das Erzählen von Ereignissen in einer sinnvollen Reihenfolge, (sich) Fragen stellen und beantworten sowie das Umsetzen von Vorstellungsbildern in Sprache als kreative Leistung beinhaltet.

Metakognitive Prozesse sind konzeptualisiert als eine Reflexion eigener Denkprozesse und Handlungen („cognition about cognition" nach Flavell, 1979). Im Vorschulalter kann Metakognition im Ansatz anhand von planerischem Handeln, der

Bewertung des Erfolgs eigener Handlungen und der zielgerichteten Handlungssteuerung beobachtet werden. Hierbei kann Sprache als Werkzeug der Handlungssteuerung dienen, indem ein inneres Selbstgespräch geführt wird und sich Kinder selbst Handlungsanweisungen (laut oder leise) erteilen. Dies geschieht insbesondere, wenn Handlungen ausgeführt werden, die an der Grenze der jeweiligen Leistungsfähigkeit liegen (vgl. Wygotski, 1986, 1991; Berk, 1995).

Im Kontext der Prävention sexualisierter Gewalt ist es insbesondere wichtig, Körperteile benennen zu können und über Erlebnisse erzählen zu können. Daher stehen sprachlich-erzählerische Fähigkeiten im Fokus des Förderprogramms und bilden ein Querschnittsthema, das sich auch durch die Bereiche der Förderung emotionaler, körperbezogener und sozialer Kompetenzen zieht.

4.1.3 Aufbau des ReSi-Förderprogramms

Ziel des Förderprogramms ist es, Kinder bei der Entwicklung sozial-emotionaler und körperbezogener Kompetenzen zu unterstützen und ihre sprachlich-erzählerischen Fähigkeiten zu stärken. Hierzu wurden Übungen entwickelt und zu einem Gesamtkonzept integriert, das vier Kompetenzbereiche umfasst:

- Gefühle,
- Körper,
- Beziehungen und
- Erzählen.

In der kindlichen Entwicklung treten diese Entwicklungsbereiche jedoch immer gleichzeitig in Erscheinung. Beispielsweise beinhaltet ein Zuwachs in der Fähigkeit der Konfliktlösung immer auch sprachlich-kommunikative Fähigkeiten sowie Selbstregulation und das Erkennen eigener Emotionen und der Emotionen anderer. Die Unterteilung in einzelne Kompetenzbereiche ist somit künstlich, ermöglicht es aber, den Fokus auf bestimmte Aspekte zu legen, die dann in einzelnen Situationen zusammenwirken. Die Abbildung 3 gibt Ihnen einen Überblick über die Ziele und Inhalte der einzelnen Bereiche sowie über den zeitlichen Ablauf des Programms.

Die Bereiche Gefühle, Körper und Beziehungen umfassen jeweils elf Übungen. Die Übungen bauen zum Teil aufeinander auf, so dass es empfehlenswert ist, sie in der dargestellten Reihenfolge durchzuführen. Der Bereich „Erzählen" enthält Übungsvorschläge, in denen die Programminhalte noch einmal wiederholt und vertieft werden können.

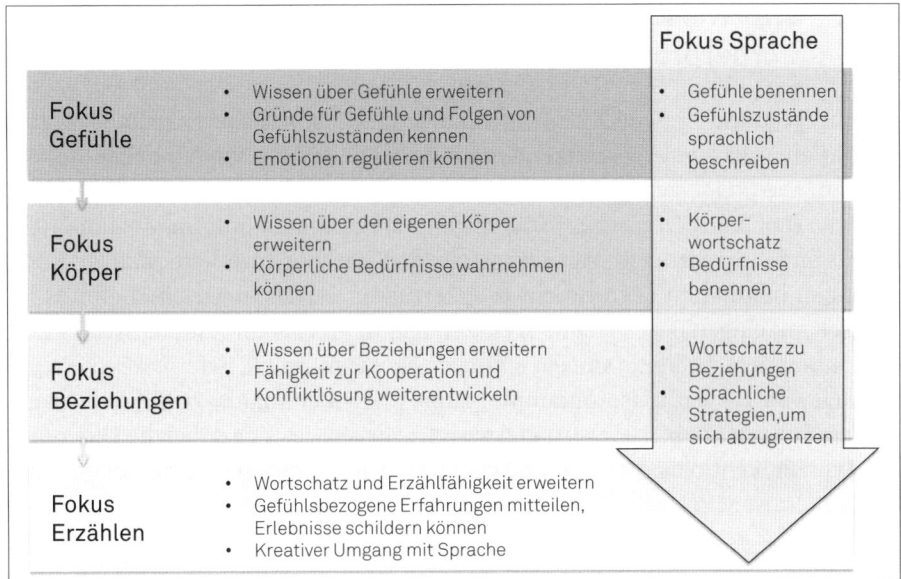

Abbildung 3: Ziele und Inhalte des ReSi-Förderprogramms

4.2 Evaluation des ReSi-Förderprogramms für Kinder

ReSi wurde in einer wissenschaftlichen Untersuchung evaluiert und zeigt positive Effekte auf die Kompetenzentwicklung der Kinder in verschiedenen Bereichen. Der Einsatz des Förderprogramms im Kindergartenalltag erscheint daher vielversprechend. Dieses Kapitel setzt sich zum Ziel, pädagogische Fachkräfte im Einsatz des Programms zu unterstützen. Hierfür werden zunächst zentrale Ergebnisse der wissenschaftlichen Begleitstudie dargestellt, die eine Vorstellung darüber vermitteln sollen, welche Wirkungen des Förderprogramms auf die Entwicklung der Kinder erwartet werden können. Zudem können die Ergebnisse dazu beitragen, Eltern und andere Akteure im Setting für die Bedeutung von Förderprogrammen in Kindertageseinrichtungen mit sozial-emotionalen und sprachlichen Förderschwerpunkten zu sensibilisieren und sie für eine Zusammenarbeit zu gewinnen.

Anschließend werden auf der Grundlage von Erfahrungen im Einsatz des Programms in realen Praxiskontexten Anregungen zusammengestellt, die den praktischen Einsatz des Programms in Kindertageseinrichtungen und die Integration in den Alltag unterstützen können.

4.2.1 Was wissen wir zur Wirkung von Präventions- und Förderprogrammen?

Um die gesunde Entwicklung von Kindern und Jugendlichen zu unterstützen, kommt einer frühzeitig einsetzenden universellen Prävention ein hoher Stellenwert zu. Dies zeigt sich in der inzwischen großen Vielfalt der existierenden Programme (Lohaus & Domsch, 2009), mit einem Fokus auf Fördermaßnahmen, die bereits im Kindergartenalter einsetzen und eine Stärkung sozial-emotionaler Kompetenzen beinhalten (Petermann & Petermann, 2011). Inzwischen gibt es im deutschsprachigen Bereich zudem eine steigende Anzahl an systematischen Evaluationsstudien, die insgesamt ein optimistisches Gesamtbild liefern, was die Wirksamkeit von Präventionsprogrammen anbelangt (Beelmann, 2006; Beelmann, Pfost & Schmitt, 2014). Als besonders erfolgreich erwies sich dabei die Durchführung von Präventionsprogrammen im Setting von Kindertageseinrichtungen (Beelmann, Pfost & Schmitt, 2014).

Die Überprüfung der Wirksamkeit speziell von Programmen zur Prävention sexualisierter Gewalt gestaltet sich schwierig. Aufgrund niedriger Basisraten, der hohen Dunkelziffer und der unterschiedlichen Tatbestände, kann ein Rückgang sexueller Übergriffe nicht oder nur sehr schwer als Kriterium herangezogen werden. Aus diesem Grund zielen Evaluationsstudien von Programmen in der Regel auf die Erfassung von Wissen über Kinderrechte und zum Umgang mit schwierigen Situationen ab.

Metaanalysen aus dem englischsprachigen Raum zeigen mittlere bis stark positive Effekte (Davis & Gidycz, 2000; Rispens, Aleman & Goudena, 1997; Topping & Barron, 2009; Zwi et al., 2007). Im deutschsprachigen Raum steht einer Vielzahl an Materialien und Praxisangeboten zur Prävention sexualisierter Gewalt ein Mangel an wissenschaftlich evaluierten Ansätzen für Kinder und Jugendliche gegenüber. Die wenigen evaluierten Programme setzen zudem überwiegend im Schulalter an (Bowi & Kruse, 2007; Krahé & Knappert, 2009; Herschelmann, 2009; Firnges & Amann, 2016). Eine Ausnahme bildet das Programm von Eck und Lohaus (1993) für Vorschulkinder. Die Evaluation zeigt einen Zuwachs an Wissen durch das Programm, der sich über einen Zeitraum von zwei Monaten stabil nachweisen ließ.

Wissenszuwächse alleine sind als Evaluationskriterium unzureichend. Neben der kognitiven Ebene (z. B. Emotionswissen, Erinnerung von Inhalten des Programms, Wortschatz) ist auch die emotionale Ebene einzubeziehen. Dies ist insbesondere erforderlich, da in der Vergangenheit auch negative Folgen von Präventionsprogrammen beschrieben wurden, beispielsweise dass sich Kinder ängstlicher nach der Intervention zeigten oder dass andere negative Effekte (z. B. Alpträume, Einschlafschwierigkeiten oder Bettnässen) zu beobachten waren (siehe z. B. Reppucci & Haugaard, 1989).

Bisher noch kaum untersucht ist die Frage, wie sich die Programme auf das Selbstvertrauen der Kinder, eine positive Körperwahrnehmung oder sozial-emotionale Kompetenzen auswirken, und ob dies Kinder tatsächlich dazu befähigen kann, sich Hilfe zu holen (AMYNA e.V., 2011). In einer realen Übergriffssituation erschweren es starke negative Gefühle wie Angst und Scham sowie eingeschränkte sprachliche Kompetenzen, sich einer Bezugsperson anzuvertrauen. Daher ist es Kindern zum großen Teil nicht möglich, sich bei erlebten Übergriffen einer erwachsenen Person anzuvertrauen (Hébert et al., 2009). Aus diesem Grund ist es unbedingt erforderlich, auch Eltern und Fachkräfte einzubeziehen und sie unter anderem darin zu schulen, Gespräche mit Kindern einfühlsam zu führen, Andeutungen weiter zu verfolgen und sich beispielsweise bei Fachberatungsstellen im Verdachtsfall Unterstützung zu suchen (AMYNA e.V., 2011). Insgesamt können kindbezogene Ansätze der Prävention sexualisierter Gewalt jedoch als ein vielversprechender Baustein einer umfassenden Präventionsstrategie betrachtet werden (Finkelhor, 2007).

Fazit für die Praxis

- Um personelle und zeitliche Ressourcen wirkungsvoll einzusetzen, sollten in der pädagogischen Arbeit in Kindertageseinrichtungen ausschließlich positiv evaluierte Schutz- und Förderprogramme angewandt werden.
- Wissenschaftliche Übersichtsarbeiten und Metaanalysen können die Wirksamkeit universell angelegter Präventionsprogramme belegen.
- Der Einsatz von Programmen zur Kompetenzförderung erscheint vielversprechend. Als besonders erfolgreich hat sich in Studien eine Durchführung im Setting von Kindertageseinrichtungen erwiesen.
- Im deutschsprachigen Raum gibt es noch wenig positiv evaluierte Konzepte zur Prävention sexualisierter Gewalt für Kinder im Kindergartenalter.
- Schulbasierte Programme zur Prävention sexualisierter Gewalt zeigen stabile Wissenseffekte. Die Wirkung der Programme auf die Kompetenzentwicklung der Kinder und die Ausbildung von Schutzfaktoren ist jedoch bislang noch nicht ausreichend untersucht.
- Insgesamt kann der Einsatz von Förderprogrammen für Kinder als vielversprechend gelten, wenn dieser Teil eines Gesamtkonzepts zur Prävention sexualisierter Gewalt unter Einbezug erwachsener Bezugspersonen ist.

4.2.2 Die wissenschaftliche Begleitstudie zum ReSi-Förderprogramm

Die wissenschaftliche Begleitstudie zum Förderprogramm wurde in den Jahren 2015 und 2016 durchgeführt. In den folgenden Abschnitten werden die Untersuchungsmethode und die Kernergebnisse dargestellt, die die Grundlage für die Empfehlungen des Einsatzes des Programms in der Praxis bilden. Die Darstellung fasst zentrale Ergebnisse der Publikation von Feldmann, Storck und Pfeffer (in Druck) zusammen.

4.2.2.1 Untersuchungsdesign

Evaluation auf der Prozess- und Wirkungsebene

In der Evaluationsforschung wird zwischen Prozess- und Ergebnisevaluation (synonym: formative und summative Evaluation/Wirkungsevaluation) unterschieden (Bortz & Döring, 2006).

Die Ergebnisevaluation untersucht die Wirkung einer Intervention nach deren Abschluss. Sie stellt somit die Frage, ob das erreicht wurde, was erreicht werden sollte. Somit steht in der Regel die Ergebnis- und nicht die Prozessevaluation im Fokus einer wissenschaftlichen Untersuchung, da in der Ergebnisevaluation der Nutzen einer Maßnahme belegt werden kann. Demgegenüber wird bei der Prozessevaluation festgestellt, *wie* die Ergebnisse erzielt wurden. Der Prozess der Intervention wird begleitet und systematisch reflektiert. Daher kann die Prozessevaluation auch zur Qualitätsentwicklung einer Maßnahme beitragen (Kolip et al., 2012).

Doch auch für die Bewertung einer Programmwirkung ist die Prozessevaluation von Bedeutung. Konnte die Wirksamkeit eines Programms wissenschaftlich belegt werden, so können diese potenziellen Effekte nur dann in die breite Praxis übertragen werden, wenn die Anwenderinnen und Anwender das Programm konzepttreu umsetzen. Wird das Konzept dagegen adaptiert oder gekürzt, so verlieren Wirksamkeitsstudien für die Umsetzung in die Praxis jegliche Aussagekraft. Eine genaue Dokumentation der Programmdurchführung in der Studie ist unverzichtbar, da damit erfasst wird, wie die praktische Umsetzung unter Studienbedingungen erfolgte. Werden positive Programmeffekte nachgewiesen, so besitzen diese nur Gültigkeit für praktische Umsetzungen, die sich konzepttreu an die Vorgabe bzw. die Umsetzung in der Pilotstudie halten. Die Wirksamkeit eines Programms kann sich in der Praxis nur dann entfalten, wenn eine hohe Durchführungstreue gewährleistet ist. Zudem kommt der Prozessevaluation für die Beurteilung der Akzeptanz und Praktikabilität des Konzepts eine zentrale Bedeutung zu.

Beide Ebenen der Evaluation wurden in der Begleitstudie von „ReSi – Resilienz und Sicherheit" berücksichtigt (vgl. Abb. 4).

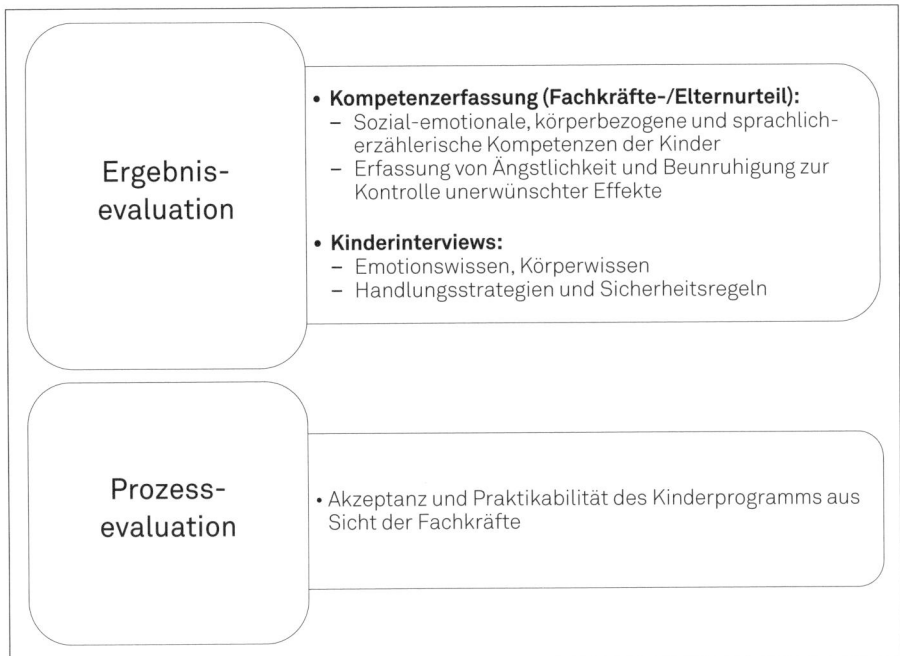

Abbildung 4: Prozess- und Ergebnisevaluation des ReSi-Förderprogramms

Untersuchungsdesign

Um die Wirkung des Förderprogramms zu untersuchen, wurden pädagogische Fachkräfte, Eltern und Kinder einbezogen. Das ReSi-Förderprogramm setzt sich zum Ziel, Kinder in ihren Kompetenzen zu stärken, ihnen Wissen im Bereich Körper und Emotionen sowie Sicherheitsregeln und Handlungsstrategien zum Hilfe holen zu vermitteln. Eine positive Programmwirkung zeigt sich somit darin, dass sich bei den teilnehmenden Kindern im Untersuchungszeitraum zentrale sozial-emotionale, körperbezogene und sprachlich-erzählerische Fähigkeiten stärker verbessern als bei der Vergleichsgruppe, die in dieser Zeit die „normale" Förderung in der Kindertageseinrichtung erfährt. Um Gruppenunterschiede zu erfassen und dabei sicherzustellen, dass sich die gefundenen Unterschiede auf die Durchführung des Förderprogramms zurückführen lassen, wurde eine randomisierte Kontrollgruppenstudie durchgeführt. Dies bedeutet, dass teilnehmende Kindertageseinrichtungen randomisiert, d.h. zufällig im Losverfahren in zwei Gruppen aufgeteilt wurden.

Eine Gruppe startete mit der Durchführung des Programms (Interventionsgruppe). Hierfür wurden die pädagogischen Fachkräfte in der Durchführung des Förderprogramms geschult und erhielten alle zur Durchführung benötigten Materialien. Das Programm wurde anschließend über einen Zeitraum von vier Monaten durch die pädagogischen Fachkräfte in ihrer Gruppe umgesetzt. Die andere Gruppe führte das Programm zeitversetzt durch (Wartekontrollgruppe), nachdem die Durchführung in der Interventionsgruppe und die Datenerhebung abgeschlossen waren. Durch die randomisierte Zuordnung kann gewährleistet werden, dass in den Untersuchungsgruppen eine vergleichbar hohe Motivation besteht, das Präventionskonzept durchzuführen.

Im Gruppenvergleich konnten durch das gewählte Design Entwicklungsverläufe von Kindern in Abhängigkeit von einer Teilnehme am ReSi-Förderprogramm miteinander verglichen werden. Die Kompetenzen wurden dabei von pädagogischen Fachkräften und von Eltern zu drei Messzeitpunkten erfasst: Eine Baselineerhebung (t_0) vor Beginn der Programmdurchführung ermöglicht es, ein differenziertes Bild des aktuellen Entwicklungsstands der Kinder zu zeichnen und darüber hinaus zu untersuchen, ob bereits vor der Durchführung des Programms Unterschiede zwischen den Gruppen feststellbar sind. Eine zweite Erhebung (t_1) erfasst die Gruppenunterschiede nachdem das Förderprogramm in der Interventionsgruppe durch die pädagogischen Fachkräfte umgesetzt wurde. Schließlich wurde die Kompetenzmessung sechs Wochen nach Abschluss des Programms wiederholt (t_2).

Darüber hinaus wurden zum Zeitpunkt t_1 Kinderinterviews durchgeführt. In den Interviews wurden relevante Wissensbereiche zum Körper und zu Gefühlen abgefragt sowie Handlungsstrategien zum Hilfe holen oder zu Sicherheitsregeln bei den Kindern erfasst. Somit wurden zentrale Lernziele des Förderprogramms sowohl bei den Kindern direkt als auch aus der Sicht der erwachsenen Bezugspersonen untersucht (vgl. Abb. 5).

Auf der Prozessebene wurde die Umsetzung des Förderprogramms dokumentiert sowie die Akzeptanz und Praktikabilität der Übungen aus Sicht der durchführen-

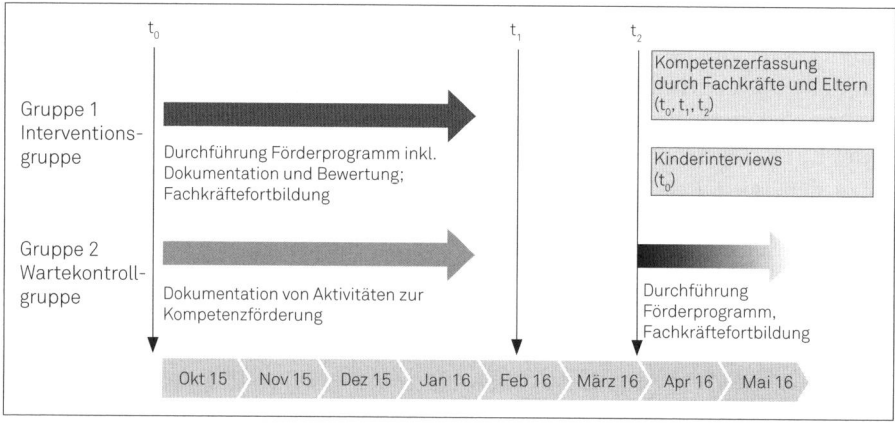

Abbildung 5: Studiendesign zur Überprüfung von Akzeptanz und Wirksamkeit des ReSi-Förderprogramms

den Fachkräfte mithilfe eines Fragebogens erfasst. Dabei wurden neben der Bewertung einzelner Übungen Fragen zur Modifikation der im Manual beschriebenen Übungsvorschläge und zu Schwierigkeiten bei der Durchführung gestellt.

Wie wurde die Wirkung des ReSi-Förderprogramms erfasst?

Um die Kompetenzentwicklung der Kinder zu erfassen, wurden Verfahren eingesetzt, die im Kindertagesbereich häufig und zum Teil verbindlich zur Dokumentation der kindlichen Entwicklung eingesetzt werden:

- Der Beobachtungs- und Dokumentationsbogen „Perik – Positive Entwicklung und Resilienz im Kindergartenalltag" (Mayr & Ulich, 2006) beruht auf empirischen Befunden der Resilienzforschung und erfasst zentrale Entwicklungsbereiche wie Kontaktfähigkeit, Selbststeuerung/Rücksichtnahme, Selbstbehauptung, Stressregulierung, Aufgabenorientierung und Explorationsfreude.
- Im „Verhaltensbeurteilungsbogen für Vorschulkinder" (VBV 3–6; Döpfner et al., 1993) werden ebenfalls sozial-emotionale Kompetenzen eingestuft, zusätzlich jedoch auch Verhaltens- und emotionalen Auffälligkeiten.
- Zur Erfassung sprachlich-erzählerischer Fähigkeiten bei den Kindern wurden zwei Verfahren eingesetzt, die eine differenzierte Betrachtung von deutschsprachig aufwachsenden Kindern und Kindern mit Migrationshintergrund ermöglichen (Sismik und Seldak; Ulich & Mayr, 2003, 2006a, b). Es werden Sprachentwicklung, Literacy sowie Sprachverhalten und Interesse an Sprache abgebildet.

Die Kinderinterviews wurden als 15-minütige Einzelinterviews durch wissenschaftliche Mitarbeiterinnen und Hilfskräfte in den teilnehmenden Kindertageseinrichtungen durchgeführt. Die Kinder bekamen Bildvorlagen zum Zeigen und Benennen von Körperteilen und Emotionen (vgl. Abb. 6).

Darüber hinaus wurde eine durch Smileys assistierte Befragung (vgl. Abb. 7) zu ihrer Einschätzung und ihren Handlungsstrategien in emotional relevanten Situationen durchgeführt. Den Kindern wurde eine kurze Geschichte erzählt (z. B. von einem Kind, dessen Tante es gegen seinen Willen an sich drückt und küsst) und sie sollten angeben, wie sich das Kind fühlt, was es machen könnte und ob es einem Erwachsenen davon erzählen sollte. Dabei wurde die insgesamt vierstufige Smiley-Skala schrittweise vorgelegt. Zuerst wurden nur die beiden Smileys der Endpunkte gezeigt, und erst nachdem sich das Kind für eine Richtung entschieden hatte, die weiteren Smileys zur genaueren Differenzierung vorgelegt. So konnten auch jüngere Kinder in die Interviews einbezogen werden.

In den Interviews wurde untersucht, ob sich die Kinder durch das Förderprogramm in ihrem Wissen, Wortschatz und ihren Handlungsstrategien von Gleichaltrigen unterscheiden und ob sie häufiger erwünschte Strategien benennen, wie sich beispielsweise in belastenden Situationen Hilfe zu suchen und sich Erwachsenen anzuvertrauen.

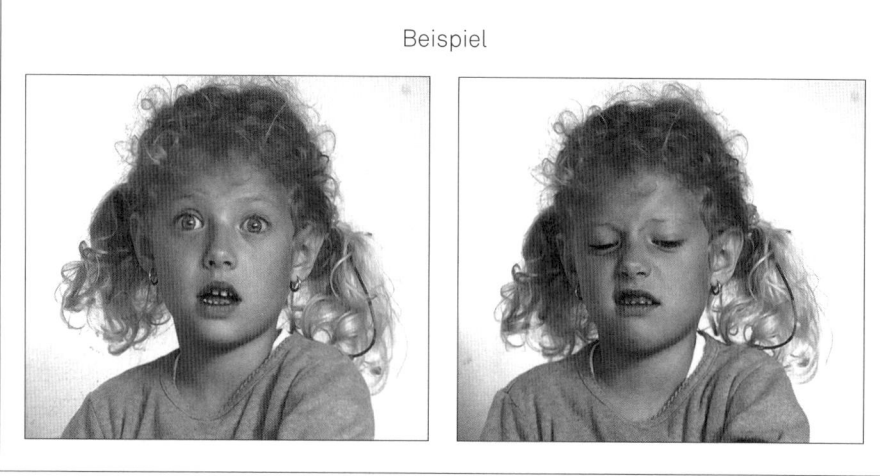

Abbildung 6: Bildvorlagen zum Zeigen und Benennen von Emotionen (Juen, Bänninger Huber & Peham, 2012)

Abbildung 7: Smiley-Skala

4.2.2.2 Darstellung der Ergebnisse

Ergebnisse zur Wirksamkeit des Förderprogramms

Insgesamt nahmen neun Kindertageseinrichtungen mit 23 Gruppen an der Untersuchung teil. In die Erfassung der Kompetenzentwicklung waren 412 Kinder (210 Jungen und 202 Mädchen) im Alter von 3 bis 6 Jahren einbezogen. Rund drei Viertel der Kinder hatten Deutsch als Muttersprache.

Die Wirksamkeit des Förderprogramms auf die Kompetenzentwicklung der Kinder in den Fremdbeurteilungsfragebögen wurde mit zweifaktoriellen Varianzanalysen mit Messwiederholung geprüft (Feldmann, Storck & Pfeffer, in Druck). Dabei zeigte sich eine positive Wirkung des Kinderprogramms auf die Interaktions- und Kommunikationskompetenzen, die körperbezogenen Kompetenzen und auf die Konfliktlösekompetenzen der teilnehmenden Kinder. Weiterhin wirkt sich das

Programm positiv auf die Fähigkeiten zur Selbstbehauptung und auf die Stressbewältigung aus.

Die aktive Sprachkompetenz und das kommunikative Verhalten in Gesprächssituationen konnte bei Kindern mit Deutsch als Muttersprache durch das Programm gefördert werden. Bei Kindern mit einer anderen Muttersprache als Deutsch konnte durch das Förderprogramm eine im Vergleich zur Wartekontrollgruppe signifikante Verbesserung des Sprachverhaltens im Kontakt mit den pädagogischen Bezugspersonen erzielt werden.

In den Kinderinterviews zeigte sich, dass Kinder nach dem ReSi-Förderprogramm Gefühle besser unterscheiden und benennen können und über einen besseren aktiven und passiven Wortschatz über Körperteile verfügen als die Vergleichsgruppe. Bei den Situationsbeschreibungen und der Frage „Was soll das Kind tun?" können Kinder nach dem ReSi-Förderprogramm deutlich mehr sinnvolle Verhaltensweisen benennen (z. B. den Eltern erzählen, Nein sagen, weglaufen).

Was kann mit dem ReSi-Förderprogramm in der Praxis erreicht werden? (vgl. Feldmann, Storck & Pfeffer, in Druck)

- Das Förderprogramm zeigt positive Effekte auf die Entwicklung folgender Kompetenzen:
  - Interaktions- und Kommunikationsfähigkeit,
  - körperbezogene Kompetenzen,
  - Konfliktlösekompetenzen,
  - Selbstbehauptung und
  - Stressbewältigung.
- Kinder mit Migrationshintergrund verbessern sich durch das Programm in ihrem Sprachverhalten im Kontakt mit pädagogischen Bezugspersonen.
- Kindern lernen Handlungsmöglichkeiten kennen, um sich Hilfe zu holen, über Gefühle zu berichten und Körperteile zu benennen.

Ergebnisse zur Akzeptanz und praktischen Umsetzung

In zwölf Kindergartengruppen der Interventionsgruppe wurde das Förderprogramm im Untersuchungszeitraum praktisch umgesetzt. Jeder Gruppe wurde ein Fragebogen zur Bewertung und Dokumentation der Übungen durch die Fachkräfte ausgeteilt. Die Fragebögen für die Bereiche Gefühle, Körper und Beziehungen wurden vollständig zurückgesandt, für den Kompetenzbereich Erzählen wurden zwei Fragebogen nicht zurückgeschickt.

Aus Sicht der Fachkräfte ist die Akzeptanz des Förderprogramms insgesamt hoch. Zur Frage „Wie gefällt Ihnen diese Übung insgesamt?" erzielen die Übungen im Mittel den Wert 5.88 auf einer siebenstufigen Skala von 1 = „gar nicht gut" bis

7 = „sehr gut". Bei der Durchführung der Übungen orientierten sich die pädagogischen Fachkräfte weitgehend am Manual. Im Mittel wurden 89.5 % der Kernübungen durchgeführt.

Zusammenfassend kann festgehalten werden, dass das Förderprogramm für Kinder zentrale sozial-emotionale, körperbezogene und sprachliche Kompetenzen fördern kann. Dabei handelt es sich um wichtige Lebenskompetenzen, die Kinder stärken und ihnen helfen können, das Leben erfolgreich zu bewältigen sowie Krisen zu meistern. Eine frühe Förderung der Kompetenzen legt einen Grundstein, auf den immer weiter aufgebaut werden kann.

Die Übungen erfahren von den pädagogischen Fachkräften eine hohe Akzeptanz und lassen sich aus Sicht der Praktiker und Praktikerinnen gut in den Kindergartenalltag integrieren.

4.3 Anregungen zum Einsatz des ReSi-Förderprogramms in der Praxis

Präventions- und Bildungsziele zu verfolgen bedeutet, Lernimpulse zu initiieren, so dass sich Kinder in verschiedenen Bereichen ihrer persönlichen, sozialen und körperlichen Entwicklung ausprobieren und ihr Wissens- und Handlungsrepertoire erweitern können. Dabei wird situationsorientiert vorgegangen, indem Kinder beobachtet werden und ihr Entwicklungsstand und -bedarf in den verschiedenen Bereichen erfasst wird. Die Impulse können darauf aufbauend so ausgewählt werden, dass sie sich am Interesse und dem Bedarf des Kindes orientieren.

Grundlage für die individuumszentrierte Förderung von Kindern sind eine sichere Atmosphäre, eine liebevolle Zuwendung und eine positive Grundhaltung der pädagogischen Fachkraft. Ein Blick auf das, was ein Kind an Potential und Fähigkeiten mitbringt, kann wie ein Katalysator positive Entwicklungsprozesse erleichtern und anstoßen. Förderung von Kindern versteht sich in diesem Sinn als ein Anstoßen von Entwicklungsmöglichkeiten (Bauer, 2012).

Die Übungen im ReSi-Programm sind als Anregungen zu verstehen, am Entwicklungsstand und -bedarf der Kinder orientiert, Situationen zu kreieren, in denen Kinder spezifische positive Lernerfahrungen sammeln können.

Ein flexibler und adaptiver Einsatz der Übungen ist daher für die Durchführung des Förderprogramms von zentraler Bedeutung.

Es lassen sich Merkmale identifizieren, die ein wirksames Förderprogramm kennzeichnen und die daher wertvolle Impulse für die praktische Umsetzung liefern: Metaanalysen zur Prävention betonen die Handlungsorientierung als einen zen-

Abbildung 8: Resi und Ralf in der Kaminecke (Kinderhaus St. Josef, Weisendorf)

Abbildung 9: Adventskalender mit Resi und Ralf (Kinderhaus St. Josef, Weisendorf)

tralen Wirkfaktor. Verhaltensbezogene Methoden, wie z. B. wiederholtes Üben, Rollenspiel, Theater und Modelllernen, werden als wertvolle methodisch-didaktische Aspekte genannt (Davis & Gidycz, 2000; Rispens, Aleman & Goudena, 1997; Topping & Barron, 2009). Weiterhin ist ein Einsatz sozialer Verstärkung bedeutsam für die Programmwirkung (Vierhaus, 2009). Interaktion und Kommunikation sind „bedeutende Lernkraftverstärker" bei der spielerischen Förderung von Kompetenzen in der Gruppe (Heckmair & Michl, 2012, S. 86). Die Kinder bekommen dabei unmittelbares Feedback für ihr soziales Verhalten (Lohaus & Domsch, 2015).

Eine aktive Teilnahme der Kinder über die Einheiten hinweg (Davis & Gidycz, 2000) und die Berücksichtigung alters- und entwicklungsspezifischer Voraussetzungen der Kinder (Wanzeck-Sielert, 2010) sind für die Wirkung bedeutsam. Präventions- und Förderprogramme sollten zudem langfristig angelegt und in den Strukturen der Kindertageseinrichtungen verankert werden. Solche Angebote sind einmaligen Projekten vorzuziehen (Davis & Gidycz, 2000).

Hieraus lassen sich allgemeine Leitlinien ableiten, worauf bei der praktischen Umsetzung von Präventions- und Förderprogrammen geachtet werden sollte.

Empfehlungen zum Einsatz des ReSi-Förderprogramms in der Praxis

- Eine Verankerung des Förderprogramms im pädagogischen Konzept der Kindertageseinrichtung ist wünschenswert und damit verbunden eine *langfristige, kontinuierliche Durchführung*. Kinder können das Programm im jährlichen Turnus mehrfach durchlaufen und in Abhängigkeit von ihrem Entwicklungsstand Kompetenzen weiter ausbauen und verfestigen.
- Die Übungen können in jährliche Zyklen eingebunden und wiederholt werden. Auch eine Verknüpfung mit jahreszeitlichen Themen (z.B. Katzen-Laternen zu St. Martin oder ein Resi-Adventskalender, vgl. Abb. 9) ist möglich und kann dazu beitragen, dass die Übungen mit Resi und Ralf einen *festen Platz im Kindergartenalltag* einnehmen.
- *Kinder mit Migrationshintergrund* profitieren durch die Verbesserung der aktiven Sprachkompetenz und des kommunikativen Verhaltens in Gesprächssituationen besonders von einer Teilnahme (vgl. Abschnitt 4.2.2.2).
- Eine Durchführung der Übungen in *altersgemischten Gruppen* (3-6 Jahre) ist empfehlenswert. Jüngere Kinder können in altersgemischten Gruppen bereits an Prozessen beteiligt werden, die ihrem aktuellen Entwicklungsstand noch nicht entsprechen. In der „Zone der nächsten Entwicklung" (Wygotski, 1986) kann sich ein Kind gerade noch nicht selbständig weiterentwickeln, wohl aber unter Anleitung durch kompetentere Kinder und durch Lernen am Modell.
- Möglichst alle Kinder sollten *aktiv in die Übungen eingebunden* werden.
- Eine *Bereitstellung der Spiel- und Übungsmaterialien*, z.B. in einer Kiste im Gruppenraum, kann dazu anregen, dass sich die Kinder in freien Spielzeiten selbständig mit den Inhalten weiter beschäftigen.

In Anlehnung an Bamberger (2010) möchten wir Sie dazu einladen, bei der Durchführung der Übungen mit den Kindern auf all das zu achten, was bereits an Ressourcen und Kompetenzen sichtbar ist, und offen und neugierig die neuen Erfahrungen und Entwicklungsprozesse der Kinder zu begleiten. Die Auseinandersetzungen mit Gefühlen, dem Körper und Beziehungen in der pädagogischen Arbeit mit Kindern kann als etwas sehr Wertvolles erlebt werden und zu positiven Veränderungen beitragen, nicht nur bei den Kindern, sondern auch bei einem selbst. In diesem Sinne wäre die abschließende und vielleicht wichtigste Empfehlung, sich dem Programm mit viel Freude und Kreativität zu widmen und es sich in der Umsetzung und Adaptation „zu eigen" zu machen.

5 Praxismaterialien

Im folgenden Kapitel sind die Übungen des ReSi-Förderprogramms für Kinder praxisnah beschrieben. Der Aufbau des Kapitels entspricht einer vorgeschlagenen Abfolge zur Durchführung der Übungseinheiten. Die Übungen sind vier Kompetenzbereichen zugeordnet und bauen teilweise aufeinander auf, indem grundlegende Kompetenzen (wie die Unterscheidung der Basisemotionen) zu Beginn des Förderprogramms und komplexere Kompetenzen (z. B. Erzählen über Erlebnisse, über die man wütend war oder sich gefreut hat) gegen Ende vermittelt und geübt werden. Die vorgeschlagene Abfolge soll jedoch lediglich als Orientierung dienen. Am Ende des Kapitels befindet sich eine tabellarische Übersicht, in der für jede Übung angegeben wird, welche Kompetenzbereiche darin angesprochen werden. Diese eignet sich dazu, situationsorientiert Übungen des Förderprogramms auszuwählen und eine flexible, an die aktuellen Bedürfnisse der Kinder angepasste Durchführung zu unterstützen.

Zur Einstimmung lässt sich vor der Durchführung der Übungen das „Resi-Klatschspiel" einsetzen. Es bildet somit ein „Einstiegsritual" zum Start mit dem Förderprogramm.

Das ReSi-Klatschspiel als Einstiegsritual

Dauer	ca. 5 Minuten
Zielsetzung	Rituale tragen dazu bei, dass sich Kinder in komplexen Tagesabläufen besser orientieren können. Die Kinder erfahren durch Rituale, dass vertraute Elemente und Abläufe immer wiederkehren. Vertraute Strukturen reduzieren die Anspannung und können sich förderlich auf die Konzentrations- und Lernfähigkeit auswirken.

Durchführung

Die Kinder gehen zu zweit zusammen, sie stellen sich einander gegenüber.

Gemeinsam wird das Resi Klatschspiel durchgeführt. Die Kinder sprechen den Reim aus Abbildung 10 und klatschen im Rhythmus abwechselnd in die Hände und auf die Handflächen ihres Gegenübers (s. CD-ROM).

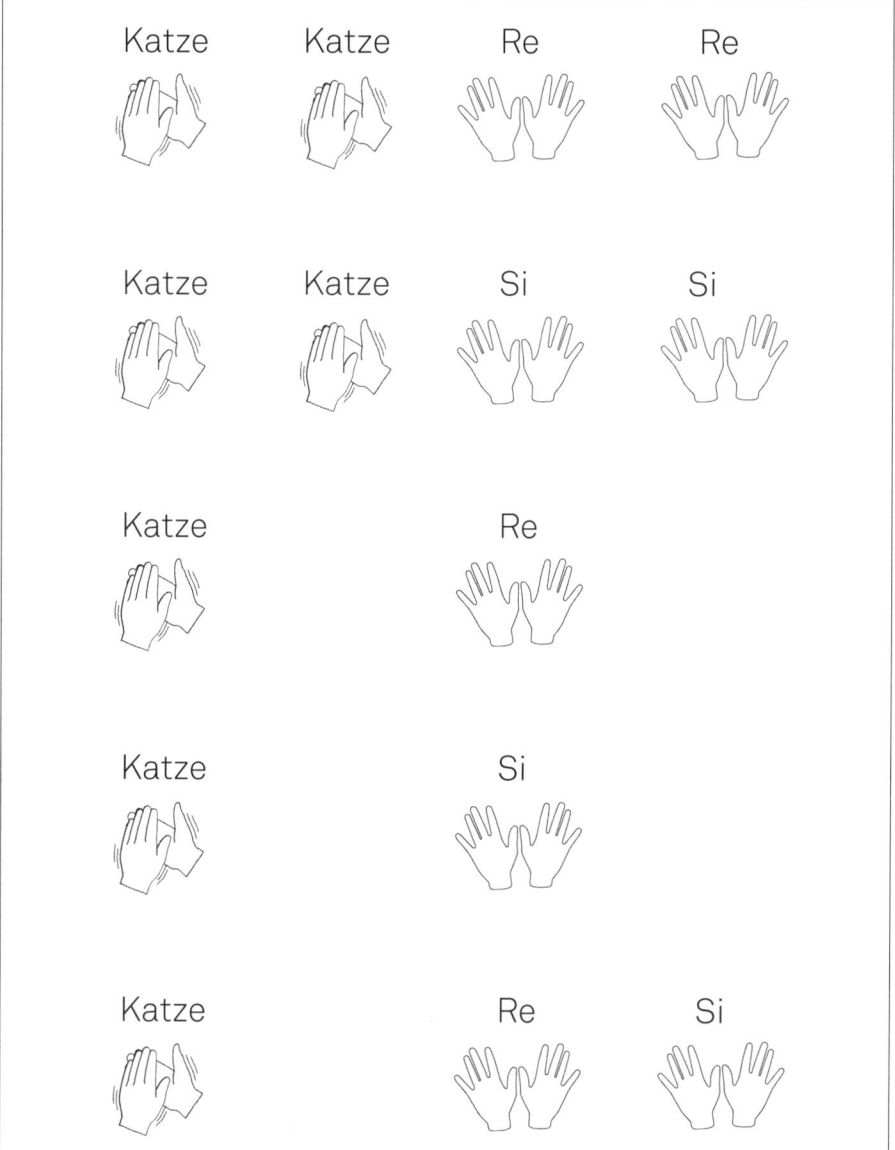

Abbildung 10: ReSi-Klatschspiel

5.1 Gefühle

5.1.1 Katzengesichter

Dauer	ca. 30 Minuten
Zielsetzungen	Die Übung zielt darauf ab, Gefühle bei sich und bei anderen wahrzunehmen und den Gefühlsausdruck zu unterstützen. Sie beinhaltet folgende Teilziele: • Gefühlsmimik erkennen • Gefühle benennen, den Wortschatz für Gefühle erweitern • Mimikkarten kennenlernen
Benötigte Materialien und Vorbereitung	1 Satz ReSi-Mimikkarten (s. CD-ROM) pro Kleingruppe (4–6 Kinder)

Durchführung

Die Kinder bilden Kleingruppen mit 4 bis 6 Kindern. Jede Gruppe bekommt einen Satz ReSi-Mimikkarten.

Laden Sie nun die Kinder ein, in den Kleingruppen einige Minuten zu überlegen, wie sie die einzelnen Katzengesichter auf den Mimikkarten beschreiben würden und welche Worte ihnen zu dem Gefühl, das jedes Gesicht zeigt, einfallen.

Bilden Sie anschließend wieder eine Großgruppe. Sammeln Sie zu jeder Mimikkarte die Begriffe und Äußerungen: Welche Worte für den Gefühlsausdruck wurden gefunden?

Hierbei geht es nicht darum, einen „richtigen" Begriff zu finden, sondern möglichst verschiedene Worte und vielfältige Ausdrucksformen ins Spiel zu bringen und die Freude an der Sprache zu fördern.

Variante

Bei vielen jüngeren Kindern oder Kindern mit geringeren Sprachkenntnissen kann es leichter sein, den Kleingruppen jeweils nur eine Mimikkarte statt den gesamten Satz mit sechs Karten zu geben.

Hintergrund

Die Katzengesichter der Mimikkarten bilden den mimischen Ausdruck der Grundgefühle Angst, Trauer, Freude, Wut, Ekel und Staunen/Überraschung ab. In der Übung geht es zunächst darum, die Grundgefühle und die Mimikkarten kennenzulernen und über die mimische Darstellung ins Gespräch zu kommen.

Die Fähigkeit, Gefühle verbal ausdrücken zu können, ist eine bedeutsame Grundlage, wenn es darum geht, vom eigenen Befinden zu berichten und für eigene Interessen einzutreten.

5.1.2 Bildergeschichten mit Resi und Ralf: „Der Ausflug" und „Ralf hat Angst"

Dauer	jeweils ca. 45 Minuten
Zielsetzungen	Die Arbeit mit Bildergeschichten verfolgt die Zielsetzungen, Gefühlswissen und Empathie sowie den sprachlich-erzählerischen Ausdruck zu unterstützen. Teilziele sind dabei: • Gefühle bei sich und anderen wahrnehmen und erkennen • sich mit Mut, Angst, Sicherheit und Geborgenheit auseinandersetzen • sich in andere einfühlen • Gefühle sprachlich ausdrücken • eigene Ressourcen entdecken oder sich daran erinnern • Strategien im Umgang mit Gefühlen kennenlernen
Benötigte Materialien und Vorbereitung	Bilderbuch „Bildergeschichten mit Resi und Ralf" (s. CD-ROM) mit • Bildergeschichte A) „Der Ausflug" und • Bildergeschichte B) „Ralf hat Angst"

Durchführung

Sehen Sie sich gemeinsam die Bildergeschichte A) bzw. B) an und unterstützen Sie die Kinder dabei, zu erzählen, was sie sehen und was in der Geschichte passiert.

Fragen Sie nach eigenen Erfahrungen zu dem behandelten Thema, beispielsweise zur Bildergeschichte „Der Ausflug" nach Situationen, in denen die Kinder mutig waren, oder nach gemütlichen Orten, an denen sich die Kinder wohlfühlen, bzw. zur Bildergeschichte „Ralf hat Angst" nach Erfahrungen von Angst und ihrer Bewältigung. Manchmal ergibt sich ein Gespräch zu eigenen Erfahrungen der Kinder zu den Themen schon während der Betrachtung der Bilder, manchmal ist es günstiger, mit den Kindern hinterher darüber zu sprechen.

Bildergeschichte A) „Der Ausflug"

Diese Bildergeschichte soll an die Figuren Resi und Ralf und an die Arbeit mit Bildergeschichten heranführen. Der Ausflug wurde gewählt, weil er für Kindergartenkinder ein bekannter Ablauf ist. Ziel ist es, ressourcenreiche Erfahrungen bei sich und bei anderen bewusst zu machen und davon zu erzählen. Neben anderen positiven Erfahrungen, die mit Ausflügen verknüpft sein können, geht es hier vor allem darum, Erfahrungen vom Mutigsein und von sicheren, gemütlichen Plätzen und die dazugehörigen positiven Gefühle in Erinnerung zu rufen und zu besprechen.

Beispielfragen

Kannst du uns von einer Situation erzählen, in der du dich mutig gefühlt hast?
Wie hat sich das angefühlt?
Welcher Ort ist für dich gemütlich und sicher?
Wie spürst du das im Körper, wenn du dich sicher fühlst, wenn es gemütlich ist?

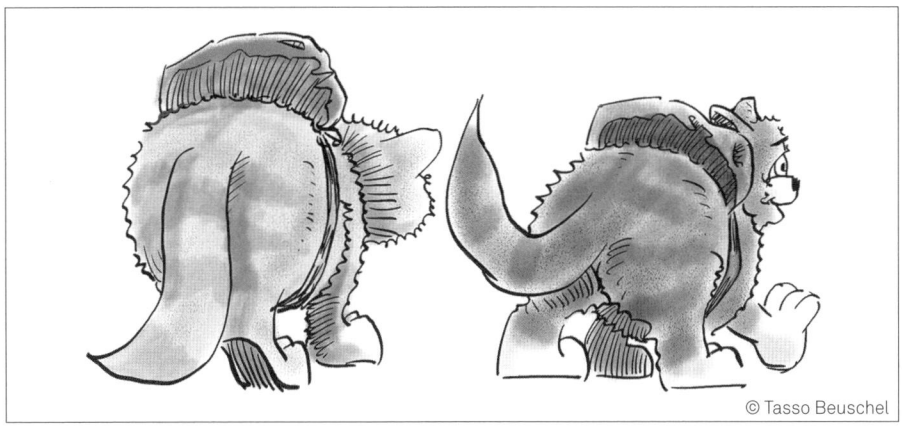

Abbildung 11: Illustration zur Bildergeschichte „Der Ausflug"

Bildergeschichte B) „Ralf hat Angst"

Diese Bildergeschichte thematisiert Angst auf unterschiedliche Weise. Die grundsätzliche Botschaft ist, dass alle vor irgendetwas Angst haben und dass Angst also ein normales Gefühl ist. Es geht nicht darum, sie komplett loszuwerden, sondern darum, mit ihr umzugehen. Daher werden auch verschiedene Strategien im Umgang mit Angst dargestellt. Die Bilder sollen dazu anregen, von Ängsten bei sich oder anderen zu erzählen und Möglichkeiten zu sammeln, wie mit ihnen umgegangen werden kann.

Abbildung 12: Illustration zur Bildergeschichte „Ralf hat Angst"

Beispielfragen

Vor was hast du Angst?

Was hilft dir dann am besten, wie bezähmst du die Angst?

Kannst du von einer Situation erzählen, wo es einmal gut geklappt hat, die Angst zu bezähmen?

Vor was hat deine Mutter/Vater/Schwester ... Angst?

Was machen sie dann?

Wen kannst du um Hilfe bitten, wenn du Angst hast?

Hintergrund

In der Auseinandersetzung mit den Geschichten werden Kinder dazu angeregt, sich Ressourcen in Erinnerung zu rufen und Ideen zum Umgang mit stressreichen Situationen zu sammeln. Dies soll den Aufbau eines guten Selbstwertgefühls und die Erfahrung von Sicherheit und Stärke unterstützen.

Mut ist ein komplexes Gefühl, denn um mutig zu sein, muss zunächst Angst gespürt und anschließend überwunden werden. Es geht nicht darum, alltägliche Angstsituationen zu vermeiden, sondern spielerisch zu lernen, mit ihnen umzugehen. Bedeutsame Botschaften, die hier vermittelt werden sollen, sind: Alle Menschen haben Angst vor etwas, das ist normal. Alle Gefühle sind wichtig und gehören zum Leben dazu. Es ist wichtig, sie wahrzunehmen und mit ihnen umzugehen.

Zugleich ist es bedeutsam, Gefühle wie Sicherheit und Geborgenheit deutlich zu spüren. Neben der stärkenden Erfahrung einer solchen Ressource wird durch diese positive Erfahrung auch deutlicher wahrnehmbar, wenn das Gefühl der Sicherheit in bestimmten Situationen nicht mehr vorhanden ist. Diese Wahrnehmung ist eine Voraussetzung dafür, sich frühzeitig Unterstützung und Hilfe zu holen.

5.1.3 Spiele mit dem Gefühlswürfel

(in Anlehnung an Pfeffer, 2007, S. 42–44, 2005, S. 6)

Dauer	jeweils ca. 30 Minuten
Zielsetzungen	• Gefühle mimisch und körpersprachlich wahrnehmen und ausdrücken • Gefühlswortschatz erweitern, über Gefühlssituationen erzählen • das Thema „Gefühle" vertiefen und mit eigener Erfahrung verknüpfen
Benötigte Materialien und Vorbereitung	• Gefühlswürfel (s. Bezugsquellen im Anhang, S. 163) • ReSi-Mimikkarten (s. CD-ROM) Die sechs Mimikkarten werden in die Klarsichttaschen des Gefühlswürfels eingeschoben.

Durchführung

Die verschiedenen Spiele können mit einer Teilgruppe oder mit der ganzen Gruppe durchgeführt werden.

Spiel 1: „Was ist das für ein Gefühl?"

Ein Kind würfelt mit dem Gefühlswürfel und ein Katzengesicht liegt oben. Nun rufen alle in den Raum, um welches Gefühl es sich handelt. Laden Sie die Kinder dann ein, das Gefühl selbst körperlich zu zeigen, indem sie es mit dem Gesicht und dem ganzen Körper ausdrücken. Zugleich können die Kinder beobachten wie es aussieht, wenn andere Kinder ein Gefühl darstellen. Schon während des Spiels und auch danach können Sie mit den Kindern die besonders typischen Ausdrucksmerkmale der einzelnen Gefühle sammeln.

Spiel 2: „Gefühle raten"

Ein Kind würfelt versteckt mit dem Gefühlswürfel und stellt dann das gewürfelte Gefühl pantomimisch dar. Die anderen Kinder sollen das Gefühl erraten.

Reflektieren Sie im Anschluss an dieses Spiel mit den Kindern: *Welche Ausdrucksform ist besonders deutlich und damit leicht zu erraten?*

Spiel 3: „Gefühlserlebnisse"

Dieses Spiel ist eher für kleinere Gruppen geeignet und kann zeitlich unterschiedlich ausgedehnt werden.

Das Spiel beginnt damit, dass ein Kind mit dem Gefühlswürfel würfelt und zum angezeigten Gefühl ein Erlebnis erzählt. Es würfelt z. B. „Wut" und kann dann ein Erlebnis erzählen, bei dem es selbst einmal wütend war oder bei dem andere wütend waren.

Beispielfragen

Wann warst du denn einmal so richtig wütend?

Hast du einmal jemanden gesehen, der wütend war? Was hat er da gemacht? Wie hat er ausgesehen?

Ist dein Bruder/deine Schwester/... manchmal wütend? Über was?

Wenn ein Kind nichts erzählen möchte, können einfach die anderen Kinder gefragt werden, ob ihnen etwas einfällt.

Hintergrund

Über die Spiele mit dem Gefühlswürfel ist es leicht möglich, über Gefühle ins Gespräch zu kommen und verschiedene Facetten des Gefühlsausdrucks auszuprobieren und diese bei anderen zu beobachten. Die Kinder können die Erfahrung machen, dass

- andere Kinder die gleichen Gefühle haben.
- die unterschiedlichen Gefühle alle dazugehören und in Ordnung sind.
- sie etwas von sich erzählen können.
- sie nichts erzählen müssen, aber bei anderen zuhören können.

5.1.4 Gefühlsgeschichten mit der Handpuppe Resi

Dauer	ca. 30 Minuten
Zielsetzungen	Zielsetzung dieser Übung ist es, Gefühlswissen, Empathie sowie den sprachlich-erzählerischen Ausdruck zu fördern. Dies beinhaltet folgende Teilziele: • Gefühle bei sich und anderen wahrnehmen und erkennen • sich in andere einfühlen • Zusammenhang von Anlässen und Gefühlen erkennen • verschiedene Gefühle unterscheiden • sprachlich-erzählerischen Gefühlsausdruck weiterentwickeln
Benötigte Materialien und Vorbereitung	Handpuppe „Resi" (s. Bezugsquellen im Anhang, S. 163)

Durchführung

Mit der Handpuppe Resi leiten Sie die Gespräche mit den Kindern an:

Resi erzählt den Kindern, wie sie sich gerade fühlt, und erklärt, warum sie sich so fühlt. Dabei drückt Resi das Gefühl körpersprachlich und mit dem entsprechenden Tonfall (parasprachlich) aus. Anschließend fragt sie die Kinder nach Situationen, in denen sie einmal dieses Gefühl hatten.

> **Beispiel: Resi ist traurig, weil ...**
>
> *Hallo liebe Kinder, ich bin gerade ganz traurig, weil ich meine Lieblingsmurmel nicht mehr finden kann. Vielleicht habe ich sie verloren, und sie war mir doch so wichtig, weil sie so schön war, und außerdem hat Ralf sie mir zum Geburtstag geschenkt (leicht gekrümmte Haltung, trauriger Tonfall, wischt sich über die Augen).*
>
> *Kennt ihr das auch? Wann/Weshalb wart ihr denn einmal traurig?*

Nach ein oder zwei weiteren Beispielen beginnt Resi nur noch, das Gefühl zu sagen, und fragt die Kinder, welche Situationen bzw. Gründe es dafür geben könnte.

> **Beispielfragen**
>
> *Resi ist traurig, weil ...*   *Resi schämt sich, weil ...*
> *Resi ist wütend, weil ...*   *Resi ist neugierig, weil ...*
> *Resi ist fröhlich, weil ...*   *Resi freut sich, weil ...*
> *Resi ist unruhig, weil ...*   *Resi ist unsicher, weil ...*
> *Resi ist ängstlich, weil ...*   *Resi ist erleichtert, weil ...*

Hintergrund

Eine wichtige Fähigkeit bei der Entwicklung von emotionaler Kompetenz ist es, den Zusammenhang von Gefühlen und äußeren oder inneren Anlässen für diese Gefühle herstellen zu können. Dieses Wissen über Anlässe und Gründe von Gefühlen schafft Klarheit und Verstehbarkeit der eigenen Gefühlslage. Zugleich ist es bedeutsam für die Gestaltung von Beziehungen zu anderen, da dieses Gefühlswissen grundlegend ist um zu verstehen, welche Folgen das eigene Handeln bei anderen haben kann.

5.1.5 Gefühlsmemo

(in Anlehnung an Pfeffer, 2014)

Dauer	variiert je nach Aufgliederung in Teilschritte
Zielsetzungen	Neben den übergeordneten Zielsetzungen, Gefühle bei sich und anderen wahrzunehmen und zu erkennen, und der Förderung des Gefühlsausdrucks geht es hier insbesondere um folgende Teilziele: • nonverbalen und sprachlichen Gefühlsausdruck fördern • Gefühle ausdifferenzieren • sich mit anderen über Gefühle austauschen
Benötigte Materialien und Vorbereitung	Zum Basteln der Memokarten benötigt man: • Material zur Herstellung von Kinderbildern/Kinderfotos (Foto/Kamera, Computer, Drucker) • Material zur Herstellung der Memokärtchen (Pappkarton, Scheren, Klebestifte)

Durchführung

Herstellung des Memospiels

Stellen Sie den Kindern zunächst das Memo-Projekt vor.

Schritt 1: Die Kinder beginnen nun, verschiedene Gefühle pantomimisch auszudrücken. Sie können dabei alle möglichen Gefühle ausprobieren und sich dabei gegenseitig zuschauen und sich inspirieren lassen.

Nach einer Weile werden verschiedene Gefühlsgesichter fotografiert. Besonders interessant werden die Aufnahmen oft, wenn auch die Kinder fotografieren dürfen.

Die Gefühlsgesichter werden in den Computer eingelesen, die unbrauchbaren aussortiert (nur verwackelte unscharfe Fotos entfernen, noch keine inhaltliche Auswahl treffen!) und der Rest im Kleinformat ausgedruckt.

Schritt 2: Sehen Sie mit den Kindern die ausgedruckten Bilder an und besprechen Sie sie.

Zunächst: *Welche Gefühle werden hier ausgedrückt?*
Später: *Welche Gefühle sollen für das Memospiel ausgewählt werden?*
Und schließlich: *Welche Gefühle fehlen noch, sind in den Fotos nicht vorhanden?*

Für Gefühle, die noch fehlen, werden entweder noch zusätzliche Fotos gemacht, oder sie können auch gemalt oder aus Zeitschriften/Comics kopiert werden.

Schritt 3: Die ausgewählten Bilder werden am Computer auf die Größe von Memo-Spielkarten (z. B. 6 × 6 oder 7 × 7 cm) gebracht und doppelt ausgedruckt. Nun können die Kinder mit dem Ausschneiden beginnen. Die ausgeschnittenen Fotos können auf Pappkarton-Kärtchen geklebt werden, damit sie stabil genug sind, um mehrfach verwendet zu werden.

Die Arbeit kann sich über mehrere Tage ziehen, je nachdem, was sonst noch auf dem Programm steht. Bei allen Arbeiten sollen die Kinder möglichst umfassend beteiligt werden.

Gefühlsmemo spielen

Nun kann das Spiel mit dem Gefühlsmemo beginnen. Je nach Alter und Fähigkeiten der Kinder kann es sinnvoll sein, unterschiedlich viele Kartenpärchen zu verwenden, also z. B. mit nur 10 Paaren oder aber mit 20 Paaren zu spielen. Dabei können Sie die Kinder ermuntern, den jeweils aufgedeckten Gefühlsausdruck zu benennen.

> **Hintergrund**
>
> Der wesentliche Lernprozess findet während der Herstellung der Karten statt durch die ständige Konzentration auf die Bilder und die sprachliche Auseinandersetzung mit deren Inhalten. Gefühlsbezogene Sprache und Wahrnehmung des mimischen Gefühlsausdrucks werden permanent geübt. Das Spielen hinterher dient eher der Verfestigung des Wissens und der weiteren Differenzierung.

5.1.6 Fels in der Brandung

(in Anlehnung an Pfeffer, 2005)

Dauer	ca. 30 Minuten
Zielsetzungen	Zielsetzung der Übung ist es, die Gefühlsregulation und die Impulskontrolle zu fördern und dabei • Strategien zur Selbstberuhigung und Selbstkontrolle zu entwickeln und • Kontrollstrategien von anderen zu lernen.
Benötigte Materialien und Vorbereitung	Für die Übung benötigen Sie ausreichend Platz, so dass sich die Gruppen im Raum oder draußen verteilen können und sich nicht gegenseitig ablenken.

Durchführung

Vorbereitung

Bilden Sie Kleingruppen mit 4 bis 6 Kindern und erklären Sie kurz den Ablauf des Spiels.

Dann stellen Sie die folgende Frage:

Wie fühlt es sich an, ein Fels in der Brandung zu sein?

Führen Sie die Kinder zu diesem Bildnis hin, damit alle sich etwas darunter vorstellen und in dieses Gefühl der Ruhe und Gelassenheit eintauchen können.

Wie sich ein Fels fühlt:

Der Fels steht einfach da, während um ihn herum das Meer tobt. Wenn er Augen und Ohren hätte, könnte er vieles hören und sehen, aber es wäre für ihn bedeutungslos, nicht wichtig. Er steht einfach tagaus, tagein nur da, spürt im Wechsel das Licht der Sonne und das Mondlicht auf sich, die Jahreszeiten ...

Im Anschluss daran machen die Kinder in der Kleingruppe aus, wer als Erstes den Fels spielt.

Fels in der Brandung-Spiel

Ein Kind jeder Gruppe ist jetzt der Fels, es verharrt also ganz ruhig in seiner Position, ohne sich zu bewegen oder etwas zu sagen.

Die anderen Kinder in der Gruppe versuchen den Fels zum Lachen zu bringen, indem sie Quatsch machen, Witze erzählen, Grimassen schneiden oder Ähnliches.

Berühren ist dabei nicht erlaubt.

Wenn der Fels lacht oder reagiert, wird gewechselt und das nächste Kind ist an der Reihe, den Fels zu spielen. Wenn ein Kind länger durchhält, wird gewechselt.

Wenn jedes Kind einmal der Fels war, kommen alle in der Gruppe zusammen, um die verschiedenen Strategien auszutauschen, die hilfreich waren, um ruhig bleiben zu können.

Mögliche Fragen können sein:

Was hat gut geholfen, um nicht lachen zu müssen?

Was hat nicht so gut geklappt, wo musstet ihr schnell lachen?

Die verschiedenen Möglichkeiten werden gesammelt (z. B. weghören, an etwas anderes denken, innerlich ein Lied singen oder sich zusprechen, dass man durchhält, bis 10 zählen, es einfach abgleiten lassen, die Sonne spüren, dem Wellenrauschen zuhören ...).

Dann gibt es eine weitere Runde, in der die Kinder eine neue Strategie ausprobieren können, indem sie sich eine Vorgehensweise, die sie gerade von den anderen gehört haben, aussuchen und ausprobieren.

Thematisieren Sie in einer Abschlussrunde in welchen Situationen es praktisch sein könnte, eine der Strategien einzusetzen.

Hintergrund

Den eigenen Gefühlsausdruck und seine Impulse angemessen kontrollieren zu können, ist eine grundlegende sozial-emotionale Kompetenz für respektvolle Beziehungen und ein soziales Miteinander. Auch wenn ein Kind die Fähigkeit zur Selbstkontrolle vielleicht einmal in einer weniger freundlichen Umgebung benötigen wird, kann es doch in dieser spaßigen Atmosphäre Strategien lernen, um sich kontrollieren zu können, z. B. weghören, an etwas anderes denken, innerlich dagegen reden usw.

5.1.7 Nachrichtensprecher

(in Anlehnung an Oezoğul, 2007)

Dauer	ca. 30 Minuten
Zielsetzungen	Zielsetzung dieser Übung ist es, Gefühle auszudrücken und Widersprüche im Gefühlsausdruck zu erkennen. Die Kinder werden darin unterstützt, • Gefühle parasprachlich (d.h. mit Mimik, Gestik und Tonfall) auszudrücken, • die Sprachmelodie zu deuten und bewusst einzusetzen, • einen nicht passenden Gefühlsausdruck zu erkennen, • den Wortschatz zu erweitern.
Benötigte Materialien und Vorbereitung	• Arbeitsplatz für Nachrichtensprecher und „Mikrofon" (z. B. Klopapierrolle) • Nachrichtensätze • ReSi-Mimikkarten (s. CD-ROM) Die Mimikkarten sollten bereits aus anderen Übungen bekannt sein. Für die Rolle des Nachrichtensprechers bereiten Sie einige Nachrichtensätze für den Anfang der Übung vor. Die Nachrichtensätze sollen Inhalte haben, die klar zu verschiedenen Grundgefühlen zuordenbar sind. Beispiele hierfür sind: • „Erfreulicherweise konnte die Kindergartenmannschaft wieder den 1. Preis gewinnen." • „Wir müssen leider bekanntgeben, dass der Wettlauf verloren ist." • „Das Fahrrad von Oma Edeltraut wurde gestohlen." • „In der Georgstraße wurde schon wieder Müll vor die Haustüren gekippt."

Durchführung

Sie spielen zunächst den Nachrichtensprecher und setzen sich an Ihren Arbeitsplatz. Lesen Sie den Kindern nun eine Nachricht in einem unpassenden Tonfall vor: Eine gute Nachricht sprechen Sie traurig aus, eine traurige Nachricht sprechen Sie fröhlich aus. Eine Nachricht, die Angst macht, sprechen Sie wütend oder fröhlich aus usw.. Die Kinder müssen Sie entsprechend korrigieren: „Nein, das hast du falsch gesagt. Du musst das traurig sagen: ..."

Variation 1

Die Kinder denken sich eigene Nachrichten aus, tragen sie reihum mit unpassender Gefühlsbetonung vor und werden von den anderen Kindern korrigiert.

Variation 2

Die Kinder erhalten je vier Katzengesichter-Bildkarten (ReSi-Mimikkarten). Sie hören sich die in falscher Tonlage vorgesprochene Nachricht an und zeigen die richtige Bildkarte, die für die vorgetragene Nachricht angemessen wäre.

Variation 3

Die Kinder erhalten je zwei, drei oder vier ReSi-Mimikkarten, je nach ihrem Sprachstand. Dann sprechen Sie ihnen kurze Sätze mit der richtigen Betonung vor. Die Kinder zeigen Ihnen die entsprechende Mimikkarte für das Gefühl und benennen dieses.

Hintergrund

Zur Entwicklung der sozial-emotionalen Kompetenz gehört auch die Wahrnehmung und Einordnung von parasprachlichen Informationen im Gefühlsausdruck. Über den Tonfall, die Lautstärke, Geschwindigkeit usw. werden viele Informationen über die Gefühlslage mitgeteilt. Die Fähigkeit, Unstimmigkeiten zu erkennen, ist sehr wichtig zur Einschätzung von sozialen Situationen, Befindlichkeiten und Motivlagen von anderen Menschen und damit in hohem Maße bedeutsam für die soziale Kompetenz.

5.1.8 Gefühle-Lied: „Auf der Mauer, auf der Lauer"

Dauer	ca. 30 Minuten
Zielsetzungen	Die Kinder erweitern ihren Wortschatz, um Gefühle auszudrücken, und ihre Fähigkeiten zur Impulskontrolle. Dabei lernen sie • verschiedene Gefühls- und Bedürfnislagen zu benennen und mit Mimik, Gestik und parasprachlichen Lauten zu verknüpfen, • aufzupassen und einen Impuls (das Wort „Resi" vollständig zu singen) zu unterdrücken und eine gut gelernte Verhaltensantwort zu hemmen.
Benötigte Materialien und Vorbereitung	• Liedtext „Auf der Mauer, auf der Lauer sitzt die kleine Resi" zum Vorsingen • Evtl. Playback zu „Auf der Mauer, auf der Lauer sitzt 'ne kleine Wanze" (z. B. von www.lieder-archiv.de oder www.liederkiste.com) oder Gitarre zur Begleitung

Durchführung

Singen Sie mit den Kindern zur Melodie von „Auf der Mauer, auf der Lauer sitzt 'ne kleine Wanze" das Resi-Gefühle-Lied.

Die Gefühlszustände werden gestisch, mimisch und mit parasprachlichen Lauten (z. B. Seufzen oder Schniefen bei Trauer, „iih!" bei Ekel) dargestellt. Wählen Sie drei bis vier Gefühle aus, die Sie mit den Kindern singen. Bei einer Wiederholung der Strophen versuchen die Kinder an allen Stellen, an denen „Resi" gesungen wird, zunächst die letzte Silbe, dann das ganze Wort wegzulassen.

> **Gefühle-Lied „Auf der Mauer, auf der Lauer sitzt die kleine Resi"**
> *1. Strophe:*
> D   A7   D
> Auf der Mauer, auf der Lauer sitzt die kleine Resi,
>   A7   D
> auf der Mauer, auf der Lauer sitzt die kleine Resi,
>   G   A7
> seht doch nur die Resi an, **wie sich Resi freuen kann.**
> D   A7   D
> Auf der Mauer, auf der Lauer sitzt die kleine Resi.

Weitere Strophen:

... wie sich Resi ekeln kann.
... wie die Resi stolz sein kann.
... wie die Resi traurig sein kann.
... wie sich Resi erschrecken kann.
... wie die Resi überrascht sein kann.
... wie sich Resi schämen kann.
... wie die Resi wütend sein kann.

... wie sich Resi fürchten kann.
... wie die Resi aufgeregt sein kann.
... wie die Resi neidisch sein kann.
... wie die Resi müde sein kann.
... wie die Resi hungrig sein kann.
... wie die Resi durstig sein kann.
... wie die Resi glücklich sein kann.

5.1.9 Gefühle im Spiegel

(in Anlehnung an Pfeffer & Göppner-Pfeffer, 2007)

Dauer	ca. 30 Minuten
Zielsetzungen	Ziel der Übung ist es, das Gefühlswissen und den Gefühlsausdruck anzuregen. Folgende Teilziele stehen dabei im Vordergrund: • den eigenen mimischen Gefühlsausdruck entdecken • verschiedene Intensitäten ausdrücken und wahrnehmen können • Mimik von anderen kennenlernen und einordnen
Benötigte Materialien und Vorbereitung	• kleine Handspiegel • ReSi-Mimikkarten (s. CD-ROM)

Durchführung

Teil 1: Jedes Kind hat einen Handspiegel und Mimikkarten mit den Katzengesichtern.

Die Kinder probieren nun vor dem Spiegel die eigene Mimik zu jedem Gefühl aus.

> **Ermuntern Sie das Kind, zu experimentieren:**
>
> *Wie sieht mein Gesicht aus, wenn ich ein bisschen wütend bin, wie bei mittlerer Wut oder bei ganz starker Wut?*
>
> *Wie sieht mein Gesicht aus, wenn ich ein bisschen staune, wie, wenn ich stärker erstaunt bin und wie bei großem Erstaunen, totaler Überraschung?*

Jedes Kind sollte für sich ausreichend Zeit haben, die eigene Mimik und den Ausdruck verschiedener Intensitäten zu entdecken.

Teil 2: Im Anschluss daran kann das Entdecken der Mimik spielerisch als Gruppenaktivität ausgeweitet werden, indem beispielsweise zwei Gruppen gebildet werden. Eine Gruppe zeigt jeweils ausgewählte mimische Gefühlsausdrücke, während die zweite Gruppe den Kindern dabei zuschaut:

> *Wie sieht Wut, Trauer oder Freude in verschiedener Intensität in den Gesichtern der anderen Kinder aus?*

Nach einigen Runden wird getauscht, so dass alle Kinder auch einmal in der Beobachterposition waren.

Wenn es sich anbietet, können Sie die Erfahrungen mit den Kindern nachbesprechen. Manchmal ist es aber auch sinnvoll und den Bedürfnissen der Kinder angemessen, die Übungen so stehen zu lassen und zu einem anderen Thema überzugehen.

> **Hintergrund**
>
> Wesentlich ist hier zunächst das Kennenlernen des eigenen „Gefühls-Gesichts" und die bildhafte Reflexion über den eigenen mimischen Ausdruck.
>
> Ein Kind kann selbstständig überprüfen, ob seine mimische Botschaft klar und eindeutig oder ob sie schwierig zu verstehen ist.
>
> Durch den Austausch mit anderen lernen die Kinder andere mimische Varianten und Ausprägungen kennen.

5.1.10 Gefühle-Uhr

(in Anlehnung an Pfeffer, 2007)

Dauer	ca. 30 Minuten
Zielsetzungen	Ziel der Übung ist es, Gefühle bei sich und anderen wahrzunehmen, sie mitzuteilen und mit anderen darüber ins Gespräch zu kommen. Dabei steht im Vordergrund • Gefühle symbolisch auszudrücken, • Gefühlslagen für andere offensichtlich zu machen, • aktuelle Befindlichkeiten und Erlebnisse der Kinder in die Gruppe einzubeziehen.
Benötigte Materialien und Vorbereitung	• Bildmaterial zu Gefühlen (Fotos, kleine Mimikkarten o. ä.) • Pappe und weiteres Bastelmaterial für die Uhr

Durchführung

Herstellung der Gefühle-Uhr

Stellen Sie aus Pappe eine Uhr her, die einen Zeiger hat. Für die sechs Grundemotionen Angst, Trauer, Freude, Wut, Ekel und Staunen/Überraschung wird entsprechendes Bildmaterial ausgewählt (z. B. einige der Fotos, die für die Übung 5.1.5 Gefühlsmemo erstellt wurden, oder verkleinerte ReSi-Mimikkarten, s. CD-ROM) und reihum aufgeklebt. Es ist empfehlenswert die Uhr gemeinsam mit den Kindern herzustellen und sie bei einer Gruppenaktion oder im Stuhlkreis einzuführen.

Einsatz der Gefühle-Uhr

Laden Sie die Kinder (im Stuhlkreis oder einer anderen geordneten Situation) ein, zu spüren, welches Gefühl bei ihnen gerade im Vordergrund ist. Fragen Sie, wer sein Gefühl auf der Uhr darstellen möchte, und bitten Sie das Kind, den Zeiger der Uhr auf das entsprechende Gefühl zu bewegen. Fragen Sie das Kind, ob es auch etwas dazu erzählen möchte, warum es dieses Gefühl eingestellt hat. Dann ist das nächste Kind an der Reihe. Einzelne Gefühle und deren Hintergründe können so mitgeteilt und besprochen sowie weitere Beispiele dazu gesammelt werden.

Es ist günstig, einen regelmäßigen Zeitpunkt einzuführen, an dem die Uhr zum Einsatz kommt, beispielsweise nach dem Frühstück oder im Stuhlkreis.

Die Uhr kann auch einen festen Platz im Raum bekommen, an dem sie über einen bestimmten Zeitraum hinweg hängt und bei Bedarf benutzt werden kann.

Beispiele

Anna kommt morgens in die Gruppe, geht zur Uhr und stellt sie auf *wütend*: „Ich hatte heute Morgen Streit mit meiner Mama, weil ich was anderes anziehen wollte."

Vincent hüpft ins Zimmer und stellt die Uhr auf *Freude*: „Ich hab endlich ein großes Fahrrad bekommen, jetzt mag ich wieder mit Jens und Max Fahrrad fahren."

Stefanie merkt, dass ihre Freundin Saskia nicht in die Gruppe kommt. Sie fragt nach und erfährt, dass Saskia mit ihrer Familie für zwei Wochen in Urlaub gefahren ist. Sie geht zur Uhr und stellt sie auf *traurig*.

Variation

Für größere Kinder kann man die Gefühle-Uhr auch auf zwei Zeiger erweitern, um gemischte Gefühle ausdrücken zu können.

Beispiele

Stefan stellt die Uhr auf *wütend* und auf *traurig*: „Ich bin sauer auf Andreas, er hat meine Burg umgeschmissen. Ich hab sie so toll hingekriegt und bin traurig, dass sie kaputt ist."

Sophia stellt *traurig* und *Freude* auf der Uhr ein. Sie freut sich, weil sie morgen für zwei Wochen ans Meer fährt, und ist auch etwas traurig, weil sie ihre Freunde eine Zeit lang nicht sieht und beim Kartoffelfeuer nicht da ist.

Hintergrund

Die Uhr ist ein Medium, über das Gefühle symbolisch ausgedrückt werden können. Sie kann ein Anreiz sein, über Gefühle und dazugehörige Erlebnisse ins Gespräch zu kommen, und sie bietet die Möglichkeit, konkrete Situationen und Hintergründe zu erfragen.

5.1.11 Ich-bleibe-ruhig-Mikado

(in Anlehnung an Shapiro, 1998)

Dauer	ca. 30 Minuten
Zielsetzungen	In dieser Übung lernen die Kinder, ihre Gefühle zu regulieren, sowie Strategien, um Impulse zu kontrollieren. Darüber hinaus üben sie, • die Feinmotorik zu trainieren, • die Konzentration zu verbessern.
Benötigte Materialien und Vorbereitung	1 Satz Mikado-Stäbchen pro Kleingruppe (4–6 Kinder)

Durchführung

Leiten Sie die Übung ein, indem Sie den Kindern erklären, dass man Mikado auch anders als gewohnt spielen kann. In diesem besonderen Mikado-Spiel kommt es neben den üblichen Regeln zusätzlich darauf an, sich beruhigen zu können und sich nicht ablenken zu lassen. Es geht also erstens darum, so viele Stäbchen wie möglich aufzunehmen, und zweitens darum, ganz ruhig zu bleiben und die Aufgabe im Auge zu behalten. Folgende Regeln gelten dabei:

- *Übliche Mikado-Regeln*
  Die Mikado-Stäbchen werden auf die Spielfläche gestellt und dann losgelassen, so dass die Stäbe übereinander fallen. Ein Kind beginnt, vorsichtig ein Stäbchen wegzunehmen, ohne dass sich dabei die anderen Stäbe bewegen. Es darf so lange Stäbchen an sich nehmen, bis sich der Stäbchen-Haufen bewegt. Dann ist das nächste Kind an der Reihe.
- *Zusätzliche Bleib-ruhig-Sonderregeln*
  Wer an der Reihe ist, versucht dabei ruhig zu bleiben und sich ganz auf die Aufgabe zu konzentrieren. Die Kinder, die nicht an der Reihe sind, dürfen das Kind ablenken und versuchen, es zu stören oder zu ärgern, indem sie Geräusche machen, es zum Lachen bringen, ihm sagen, dass es das nie schafft, dass der Stäbchen-Haufen gleich wackelt usw. Dabei dürfen sie jedoch weder den Stäbchen-Haufen, noch den Tisch oder das Kind, das an der Reihe ist, berühren. Wenn alle Stäbchen weggenommen wurden, ist die Runde beendet.

Besprechen Sie abschließend mit den Kindern, wann es leicht war, ruhig zu bleiben, und wann nicht. Sammeln Sie die verschiedenen Strategien der Kinder, die dabei helfen, sich zu beruhigen.

Variante

Zwei Gruppen spielen gegeneinander. Die Mitspieler von Gruppe 1 „stören" das Kind von Gruppe 2, das gerade an der Reihe ist. Die Gruppe, welche die meisten Stäbchen sammeln konnte, hat gewonnen.

> **Hintergrund**
>
> Die Regulation von Gefühlen durch Selbstberuhigung und Impulskontrolle sind bedeutsame Fähigkeiten der sozial-emotionalen Kompetenz, die hier spielerisch unter leicht erschwerten Bedingungen eingeübt werden können. Der Umgang mit Störungen bekommt hier einen spielerischen und „sportlichen" Charakter.

5.2 Körper

5.2.1 Mich hat ein Schnupf gestupst

Dauer	ca. 30 Minuten
Zielsetzungen	• Wortschatz zum Körper erweitern • Körperteile benennen • Förderung sprachlicher Kreativität
Benötigte Materialien und Vorbereitung	keine

Durchführung

Die Kinder stehen oder sitzen im Kreis. Ein Kind beginnt und überlegt sich eine Stelle an seinem Körper.

> **Nun läuft das Spiel nach folgendem Schema ab:**
> Kind: *Mich hat ein Schnupf gestupst!*
> Alle: *Wo denn?*
> Kind: *An meinem Bauch.*
>
> Alle Kinder zeigen auf ihren Bauch.

Anschließend kommt das nächste Kind an die Reihe. Das Spiel läuft nach dem gleichen Schema ab, jedoch soll nun ein anderer Körperteil genannt werden.

Varianten

Nach einigen Durchgängen kann der Satz gewechselt werden, z. B. „Mich hat ein Wutz gelutzt!" oder „Mich hat ein Schneggel gezweggelt!" usw.

In den weiteren Runden können die Kinder beginnen, selbst Varianten zu entwickeln.

5.2.2 Bildergeschichten mit Resi und Ralf: „Resi ist krank"

Dauer	ca. 45 Minuten
Zielsetzungen	• Bedürfnisse bei sich und bei Anderen erkennen • eigene Bedürfnisse wahrnehmen und mitteilen können • sich in Andere einfühlen • soziale Ressourcen erinnern
Benötigte Materialien und Vorbereitung	Bilderbuch „Bildergeschichten mit Resi und Ralf" (s. CD-ROM) mit der Bildergeschichte „Resi ist krank"

Durchführung

Sehen Sie sich gemeinsam die Bildergeschichte „Resi ist krank" an und unterstützen Sie die Kinder dabei zu erzählen, was sie sehen und was in der Geschichte passiert.

Jedes Kind verfügt über eigene Erfahrungen damit, sich unwohl zu fühlen und Zuwendung zu erfahren, aufgemuntert zu werden und selbst Trost zu spenden.

Fragen Sie nach eigenen Erfahrungen zum Thema „krank sein", „Ruhe brauchen", „trösten" und „getröstet werden". Manchmal kann bereits beim Betrachten der Bilder an eigene Erfahrungen angeknüpft werden, manchmal ist es besser, mit den Kindern hinterher darüber zu sprechen.

Vor dem Hintergrund der Geschichte kann darüber gesprochen werden, welche Bedürfnisse man hat, wenn es einem körperlich nicht gut geht, und wie man mit Anderen rücksichtsvoll und einfühlsam umgehen kann.

Abbildung 13: Illustration zur Bildergeschichte „Resi ist krank"

Beispielfragen

Kannst du uns eine Situation erzählen, in der du dich nicht wohl gefühlt hast, zum Beispiel weil dir schlecht war oder weil dir etwas weh getan hat?

Wie hat sich das angefühlt?

Hattest du Lust, zu spielen oder dich abzulenken? Oder wolltest du Ruhe haben und schlafen?

Was hat dir gutgetan?

Wer war in der Situation bei dir?

Was hat dir geholfen, dich wieder ein wenig besser zu fühlen?

Hintergrund

Kinder werden durch die Übung dazu angeregt, über körperliche Bedürfnisse nachzudenken, diese wahrzunehmen und zu beschreiben. Sie erzählen von Situationen, in denen andere sie getröstet oder ihnen geholfen haben, sich wieder besser zu fühlen. Durch die Erzählungen der anderen Kinder wird das Einfühlungsvermögen gestärkt und die Kinder bekommen Ideen, wie man auf die Bedürfnisse anderer eingehen kann.

Die Erinnerung an das Gefühl, „umsorgt" oder „beschützt" zu werden, soll das Vertrauen stärken, dass es Menschen gibt, die da sind, wenn es einem nicht gut geht. Diese Erfahrung kann dabei helfen, sich Bezugspersonen anzuvertrauen, wenn man Unterstützung und Hilfe benötigt.

5.2.3 Körperumriss

Dauer	ca. 45 Minuten
Zielsetzungen	Diese Übung ist ein Klassiker, um eine Vorstellung über die Form und den Umriss von Kopf und Körper zu entwickeln und Körperteile zu benennen.
Benötigte Materialien und Vorbereitung	• Tapetenrollen oder anderes breites Rollenpapier • dicke Stifte • 1 Satz ReSi-Körperkarten pro Kleingruppe (2–3 Kinder; s. CD-ROM) Fertigen Sie ein Umrissbild von sich selbst an, um es den Kindern als Vorlage zu zeigen. Legen Sie an zwei oder drei Körperteile die entsprechenden Kärtchen mit den Körperteilen. Der Raum wird so umgeräumt, dass die Kinder großflächig auf dem Boden malen können. Das Rollenpapier wird in entsprechender Anzahl in Stücke vorgeschnitten, welche etwa die Größe der Kinder haben. Die Kinder finden sich in Zweier- oder Dreiergruppen zusammen.

Durchführung

Stimmen Sie die Kinder auf die Übung ein.

> **Einleitungsbeispiel**
>
> *Jeder von uns hat eine andere Körperform. Aber vieles ist bei uns allen gleich. Jeder Körper hat einzelne Körperteile und diese haben Namen. Viele kennt ihr bestimmt schon ...*

Ein Kind pro Kleingruppe legt sich auf die Papierunterlage. Die anderen Kinder der Gruppe zeichnen den Körperumriss des liegenden Kindes nach.

Anschließend legen die Kinder Kopien der ReSi-Körperteilkarten an die richtigen Stellen und nennen den Namen dazu. Beim Benennen der Körperteile können noch feinere Unterscheidungen (z. B. Augen: Wimpern, Augenlid, Pupille) getroffen werden.

Varianten

Die Kinder können auch, ohne dass ein Kind sich auf das Papier legt, versuchen, einen menschlichen Körperumriss zu zeichnen.

5.2.4 Waschstraße

(in Anlehnung an Pfeffer, 2005)

Dauer	ca. 30 Minuten
Zielsetzungen	Die Zielsetzung der Übung besteht darin, eigene Körpergrenzen wahrzunehmen und Grenzen im Kontakt zu achten. Dabei werden folgende Kompetenzen angesprochen: • Körperwahrnehmung • Körperkontakt mit anderen • Bedürfnisse bei sich und bei anderen erkennen und Grenzen achten • Regeln kennen lernen und einhalten • unangenehme Gefühle regulieren
Benötigte Materialien und Vorbereitung	• weiche Schwämme, Bürsten und Pinsel • Geschirrhandtücher, Lappen und andere Stoffe • selbst gebastelte Papp-Fächer Die Reinigungsutensilien für die „Waschstraße" werden bereitgelegt.

Durchführung

Einführung

Fragen Sie die Kinder, wer schon einmal mit dem Auto durch eine Waschstraße hindurch gefahren ist.

Erklären Sie den Kindern, dass eine Waschstraße verschiedene Stationen hat, durch die ein Auto nacheinander fährt, und in denen das Auto gewaschen, geschrubbt, getrocknet und fein säuberlich poliert wird.

Eine solche „Waschstraße" sollen die Kinder nun zusammen bilden. Jede Station ist wichtig und macht ihre Arbeit sorgfältig. Am Ende der Waschstraße ist das Auto ganz sauber und der Lack glänzt.

„Putzmaterialien" aussuchen und aufstellen. Teilen Sie die Kinder in zwei Gruppen auf. Die Kinder der ersten Gruppe suchen sich nun etwas von den bereit gelegten Materialien aus. Dann stellen sie sich in zwei Reihen gegenüber auf, so dass in der Mitte eine Gasse entsteht.

Bevor es losgeht, wird die Reihenfolge festgelegt: erst kommen die Schwämme, um den festgebackenen Dreck zu lösen, dann kommen Lappen und Tücher an die Reihe, es folgen Pinsel und weiche Staubtücher, um einen Teil der Waschstraßenmaschine zu bilden.

Die Kinder sortieren sich anschließend nach der Abfolge ihrer Aufgaben. Zuerst die Schwämme für das Einschäumen und die grobe Reinigung, dann Handtücher und Fächer zum Trocknen, und schließlich Pinsel und feine Staubtücher zum Polieren der Oberfläche.

Durchgänge

Die Kinder der zweiten Gruppe stellen sich der Reihe nach vor der Waschstraße auf. Das erste Kind geht langsam hinein. Es bleibt an jeder Station eine Weile stehen und lässt sich „reinigen". Dann geht es weiter zur nächsten Station, bis die Waschstraße vollständig durchlaufen wurde.

Haben alle Kinder der ersten Gruppe einmal die Waschstraße passiert, so wird gewechselt.

Varianten

Wurde die Übung mit den Kindern bereits einige Male durchgeführt, so kann die „Waschstraße" auch dazu verwendet werden, unangenehme Körperempfindungen wegzuwaschen. Die Kinder sollen, bevor sie in die Waschstraße gehen, spüren, ob sich etwas unangenehm anfühlt, kribbelt, kratzt, juckt oder ein anderes unangenehmes Gefühl im Körper zu spüren ist. Dann helfen die anderen Kinder in der Waschstraße dabei, das unangenehme Gefühl „wegzuwaschen", so dass am Ende das Kind frisch geschrubbt und gerubbelt ein angenehmes Körpergefühl hat.

Hintergrund

Den eigenen Körper zu spüren und Körperkontakt von anderen zu erfahren, kann als angenehm und lustvoll erlebt werden. Durch den Hautkontakt werden Körpergrenzen wahrgenommen. Gleichzeitig wird durch den gegenseitigen Kontakt die Integration in die Gruppe gestärkt: Die Kinder erfahren sich als Teil einer Gruppe, mit der sie verbunden sind und eine gemeinsame Aufgabe lösen.

Durch die Übung können Kinder lernen, den Kontakt zu anderen zu modulieren, angenehm zu gestalten und dabei die Signale ihres Gegenübers richtig zu deuten und das Verhalten danach auszurichten. So können sie andere Kinder ganz sanft berühren oder auch fester mit den Materialien massieren.

Zudem können die Kinder Anregungen bekommen, um unangenehme Körperempfindungen abzuschwächen und damit zu regulieren.

5.2.5 Von der Natur gestreichelt

(in Anlehnung an Wagner, 2011)

Dauer	ca. 30 Minuten
Zielsetzungen	Ziel der Übung ist die Regulation von An- und Entspannung durch achtsame Sinneswahrnehmung. Zusätzlich werden folgende Fähigkeiten angesprochen: • die Unterscheidung angenehmen und unangenehmen Körperkontakts • Einfühlungsvermögen, Regulation des Kontakts mit anderen
Benötigte Materialien und Vorbereitung	• Objekte aus der Natur, die sich dazu eignen, im Kontakt mit der Haut an Hand und Armen verschiedene Sinneseindrücke zu erzeugen. • Decken oder andere Unterlagen, um darauf zu sitzen. Die Übung wird draußen in der Natur durchgeführt. Ein Garten eignet sich für die Durchführung ebenso wie ein Waldbesuch oder ein Spaziergang.

Durchführung

Die Kinder sammeln verschiedene Objekte aus der Natur (z. B. kleine Äste, Steine, Federn, Blätter, Tannenzapfen, Grashalme, Blüten).

Anschließend gehen sie paarweise zusammen. Die Materialien werden bereitgelegt. Ein Kind setzt oder legt sich auf die Unterlage und schließt die Augen. Das andere Kind verwendet die Naturmaterialien, um ihm damit über die Haut zu streichen. Dabei kann über die Hände, Arme und – ganz vorsichtig – auch die Wange des Kindes gestreichelt werden.

Das gestreichelte Kind versucht, den Kontakt ganz genau zu spüren und zu erraten, mit welchem Gegenstand es gestreichelt wird. Im Anschluss werden die Rollen getauscht.

5.2.6 Verstopfung an der Fußgängerampel

Dauer	ca. 30 Minuten
Zielsetzungen	Zielsetzung der Übung ist es, Grenzen im Kontakt zu achten und dabei • interpersonelle Nähe und Distanz spüren und einschätzen zu können, • auf andere Rücksicht zu nehmen, • Bewegungen zu antizipieren und darauf angemessen zu reagieren.
Benötigte Materialien und Vorbereitung	Für diese Übung eignet sich am besten ein langer Gang. Alternativ kann im Freien oder in der Turnhalle ein ca. 2 m breiter Korridor mit Hütchen oder Seilen abgesteckt werden.

Durchführung

Die Kinder werden in zwei Gruppen eingeteilt und stellen sich jeweils an beiden Enden des Gangs auf. Sie können sich dabei auch nebeneinander stellen.

Mit einem Startsignal „schaltet die Ampel auf Grün" und alle „Fußgänger" laufen gleichzeitig los, um möglichst zügig auf die andere Seite zu gelangen. Dabei sollen die Kinder aufpassen, dass sie niemanden berühren oder anrempeln. Während sie die Strecke zurücklegen, dürfen sie kein Wort sprechen. Wer Kontakt zu einem anderen Kind verursacht oder zulässt, muss einen Durchgang aussetzen.

Im Anschluss können Sie mit den Kindern darüber sprechen, was ihnen dabei geholfen hat, sich mit den Kindern aus dem „Gegenverkehr" ohne Worte abzustimmen. Beispielsweise kann es hilfreich sein, Blickkontakt aufnehmen oder das Tempo zu reduzieren.

Variante *Nähe-Distanz-Übung*

Lassen Sie die Kinder (mit offenen/mit geschlossenen bzw. verbundenen Augen) jeweils zu zweit ausprobieren, welchen Abstand zu einem anderen Kind sie als angenehm empfinden, was sich „zu nah" anfühlt und was „weit weg". Dabei bleibt ein Kind stehen und das andere Kind kann den Abstand langsam verkleinern oder vergrößern.

5.2.7 Katzenentspannung

Dauer	ca. 30 Minuten
Zielsetzungen	Zielsetzung ist die Regulation von An- und Entspannung durch sanfte Bewegungen. Dabei werden die Kinder darin unterstützt, • den eigenen Körper wahrzunehmen, • An- und Entspannung der Muskulatur zu spüren, • den Zusammenhang von Aktivierung und körperlichem Ausdruck zu erkennen.
Benötigte Materialien und Vorbereitung	• Handpuppe „Resi" und Stofftier „Ralf" (s. Bezugsquellen im Anhang, S. 163) • Matten, Matratzen, Decken oder andere Unterlagen • Wollknäuele oder kleine Bälle (z. B. Tennisbälle) Für die Übung eignet sich ein Raum, der genügend Platz bietet, um sich zu bewegen (z. B. eine Turnhalle oder eine Wiese). Die Unterlagen (Matten oder Decken) werden in ausreichendem Abstand zueinander im Raum verteilt.

Durchführung

Jedes Kind nimmt einen Platz auf einer Matte oder einer anderen Unterlage ein.

Erzählen Sie den Kindern, dass Katzen besonders gut faulenzen und entspannen können. Resi und Ralf werden ihnen nun erklären, wie das funktioniert: Die Kinder sollen zunächst – wie Katzen – auf allen vieren durch den Raum spazieren. Sie können sich dabei treffen und sich anmaunzen, Köpfchen geben, wenn sie möchten, oder mit den Wollknäueln (Bällen) spielen.

Nach einigen Minuten bekommen die Kinder den Hinweis, die Katzen seien jetzt müde und suchen sich einen Platz zum Entspannen. Jedes Kind sucht sich (noch immer „auf allen Vieren") einen Platz. Auf der Matte werden die folgenden Bewegungen ausprobiert:

• im Vierfüßlerstand drehen sich die Katzen einige Male im Kreis,
• sie strecken abwechselnd die rechte und die linke Pfote weit vor und ziehen sie dann wieder zurück,
• sie setzen sich auf ihre Hinterpfoten, die Vorderpfoten bleiben ausgestreckt,
• dann schieben sie die ausgestreckten Vorderpfoten ganz weit nach vorne, bis sie mit dem Kopf fast die Unterlage berühren, und machen sich ganz lang,
• dann gehen die Katzen wieder in den Vierfüßlerstand zurück und machen einen runden „Katzenbuckel",

- sie dehnen und räkeln sich noch einmal ausgiebig, reißen den Mund weit auf zu einem kräftigen Gähnen,
- dann rollen sie sich auf der Unterlage zusammen,
- sie schließen die Augen und beginnen leise zu schnurren.

Ermuntern Sie die Kinder dazu, noch eine Minute zusammengerollt zu bleiben, zu faulenzen und das wohlige Gefühl zu genießen.

Im Anschluss können Sie die Kätzchen „aufwecken", sie dazu auffordern, wieder einen Katzenbuckel zu machen, die Pfoten zu dehnen und zu strecken, zu gähnen und mit ihrer Aufmerksamkeit zurück in den Raum zu kommen.

Variante *Decken-Schaukel*

Hierfür benötigen Sie einen weichen Untergrund, am besten eine Weichbodenmatte. Darauf wird eine Decke ausgebreitet. Ein Kind legt sich nun auf die Decke, die anderen Kinder stellen sich im Kreis herum auf, halten die Decke am Rand mit beiden Händen gut fest.

Das Kind auf der Decke darf sich nicht bewegen oder zappeln, so dass die Kinder, die die Decke halten, einen sicheren Griff bekommen. Nun heben alle Kinder gleichzeitig vorsichtig die Decke ein kleines bisschen an. Sobald die Decke keinen Kontakt mehr zur Unterlage besitzt, versuchen die Kinder die Decke langsam und behutsam ein wenig zum Schaukeln zu bringen.

Nach einer Weile wird gewechselt und ein anderes Kind darf sich auf die Decke legen.

> **Hintergrund**
>
> Körperliches Wohlbefinden schließt einen ausgewogenen Wechsel zwischen Aktivität und Ruhephasen ein. Die Kinder lernen spielerisch, welche Bewegungsmuster ihnen helfen, Anspannung zu regulieren und sich auf eine Ruhe- und Erholungsphase vorzubereiten.

5.2.8 Körper-Lied: „Katze Resi hat zwei Ohren"

Dauer	ca. 30 Minuten
Zielsetzungen	Die Kinder erweitern ihren Wortschatz zu Körperteilen und lernen die Begriffe auf den eigenen Körper anzuwenden. Durch die Verknüpfung mit Spaß und Bewegung wird das Lernen von Begriffen erleichtert.
Benötigte Materialien und Vorbereitung	• Liedtext „Katze Resi hat zwei Ohren" zum Vorsingen • Evtl. Playback zu „Old MacDonald had a farm" (z. B. von www.liederkiste.com) oder Gitarre zur Begleitung Für die Varianten: Handpuppe „Resi" (s. Bezugsquellen im Anhang, S. 163), ReSi-Körperkarten (s. CD-ROM)

Durchführung

Singen Sie mit den Kindern zur Melodie von „Old MacDonald had a farm" das Resi-Körper-Lied.

Anfangs singen Sie die Strophen und die Kinder stimmen bei „hi hei hi hei ho" ein. Sie können in der ersten Zeile die Namen der Körperteile auslassen und stattdessen auf die jeweiligen Körperteile zeigen und sie die Kinder benennen lassen. Zu jeder Strophe lassen sich passende Bewegungen darstellen oder die Kinder zeigen auf die Körperteile am eigenen Körper.

Das Körper-Lied lässt sich auch um zusätzliche Strophen zu anderen Körperteilen erweitern.

Körper-Lied „Katze Resi hat zwei Ohren"

1. F   Bb   F   C   F
    Katze Resi hat zwei *Augen*, hi hei hi hei ho.
    F   Bb   F   C   F
    Und mit den Augen kann sie zwinkern, hi hei hi hei ho.
    F
    Macht die Augen auf und die Augen zu,
    F
    Augen auf, Augen zu, Augen auf und Augen zu.
    F   Bb   F   C   F
    Katze Resi hat zwei Augen, hi hei hi hei ho.

2. Katze Resi hat 'ne *Nase*, hi hei hi hei ho.

    Und mit der Nase kann sie schnuppern, hi hei hi hei ho.

    Und sie schnuppert hier und sie schnuppert da,

    schnuppert hier, schnuppert da,

    schnuppert hier und schnuppert da.

    Katze Resi hat 'ne Nase, hi hei hi hei ho.

3. Katze Resi hat vier *Beine*, hi hei hi hei ho.

    Und mit den Beinen kann sie springen, hi hei hi hei ho.

    Und sie schleicht sich an und sie springt ganz weit,

    schleicht sich an, springt ganz weit,

    schleicht sich an und springt ganz weit.

    Katze Resi hat vier Beine, hi hei hi hei ho.

4. Katze Resi hat 'nen *Mund*, hi hei hi hei ho.

    Und mit dem Mund kann sie was futtern, hi hei hi hei ho.

    Und sie futtert dies und sie futtert das,

    futtert dies, futtert das, futtert dies und futtert das.

    Katze Resi hat 'nen Mund, hi hei hi hei ho.

5. Katze Resi hat 'nen *Bauch*, hi hei hi hei ho.

    Und in dem Bauch hat sie 'ne Maus, hi hei hi hei ho.

    Und der Bauch ist voll und die Resi satt,

    Bauch ist voll, Resi satt, Bauch ist voll und Resi satt.

    Katze Resi hat 'nen Bauch, hi hei hi hei ho.

6. Katze Resi hat 'ne *Zunge*, hi hei hi hei ho.

    Und mit der Zunge kann sie sich putzen, hi hei hi hei ho.

    Und sie putzt sich hier und sie putzt sich da,

    putzt sich hier, putzt sich da, putzt sich hier und putzt sich da.

    Katze Resi hat 'ne Zunge, hi hei hi hei ho.

Varianten

Mithilfe der Handpuppe Resi kann das Benennen der Körperteile wiederholt und erweitert werden. Die Kinder können dazu angeben, welche Körperteile auch beim Menschen vorhanden sind und worin sich Resis Körperteile von unseren unterscheiden.

Auch die Bildkarten mit Körperteilen können zur Wiederholung und zum Einprägen der Begriffe eingesetzt werden, beispielsweise als „Körper-Memospiel".

5.2.9 Der Faxenmax

Dauer	ca. 30 Minuten
Zielsetzungen	Ziel der Übung ist es, die Feinmotorik im Zusammenhang mit Mimik und Gestik zu schulen und dabei Körperbegriffe kennenzulernen und zu verfestigen. Teilziele sind somit: • Körperteile benennen • mimischen und gestischen Ausdruck bei anderen wahrnehmen • mit Mimik und Gestik selbst experimentieren
Benötigte Materialien und Vorbereitung	kleine Handspiegel

Durchführung

Im ersten Teil der Übung werden einzelne mimische und gestische Bewegungen mit den Kindern gemeinsam ausprobiert:

- die Nase rümpfen
- eine „lange Nase" machen (mit beiden Händen mit gespreizten Fingern die Nase „verlängern")
- den Mund ganz weit aufmachen
- den Mund ganz schief machen
- den Mund zu einem „Kussmund" spitzen
- den Mund zu einem „Schmollmund" verziehen
- die Zunge rausstrecken
- die Zunge Richtung Nase ziehen
- die Schultern hochziehen
- den Kopf zur Seite neigen
- den Kopf in den Nacken legen
- die Augen aufreißen
- die Augen ganz eng zusammenkneifen
- die Augenbrauen hochziehen
- die Ohren langziehen
- die Hände mit gespreizten Fingern an die Ohren anlegen und „winken"
- die Ellenbogen beugen und „mit den Flügeln schlagen"
- den Po weit rausstrecken usw.

Die Kinder können sich dabei selbst im Spiegel ansehen und auch beobachten, wie die Bewegungen der anderen Kinder aussehen. Unterstützen Sie die Kinder darin, sich auf kreative Weise mimische und/oder gestische Figuren auszudenken und diese den anderen Kindern zu erklären und vorzumachen.

Im zweiten Teil der Übung spielen die Kinder „Faxenmax":

Ein Kind wählt sich zwei oder drei mimische oder gestische Ausdrucksbewegungen aus und baut diese zu „Faxen" zusammen. Jeder darf nun reihum einmal der „Faxenmax" sein. Die anderen Kinder machen die „Faxen" nach.

Einige Ausdrucksbewegungen lassen sich mit passenden Tiergeräuschen verknüpfen (z. B. „den Po weit rausstrecken wie eine kleine Ente – quak, quak"; „die Augen winzig klein machen, wie ein kleines Schwein – oink, oink"; „die Ohren richtig lang ziehen, wie ein alter Esel – ia, ia"). Ermuntern Sie die Kinder dazu, lustige Fantasiegeräusche zu ihren Bewegungen zu machen.

5.2.10 Wetter auf der Haut spüren

(in Anlehnung an Pfeffer, 2005)

Dauer	ca. 30 Minuten
Zielsetzungen	Ziel der Übung ist es, einen angenehmen Körperkontakt zu erfahren und dabei • die Wahrnehmung des eigenen Körpers zu schulen, • Grenzen im Kontakt zu achten, Regeln kennenzulernen und einzuhalten, • sich gegenseitig zu verwöhnen.
Benötigte Materialien und Vorbereitung	1 Decke oder Matte pro Kleingruppe (à 3 Kinder)

Durchführung

Die Kinder gehen in Dreiergruppen zusammen, wobei ein Kind sich bäuchlings auf die Matte bzw. die Decke legt und sich die beiden anderen Kinder links und rechts daneben knien.

Die beiden Kinder, die neben der Unterlage knien, sind die „Wettermacher". Sie streichen, klopfen, trommeln oder tupfen verschiedene Wetterphänomene auf den Rücken des liegenden Kindes. Das liegende Kind soll die Berührungen auf dem Körper spüren und genießen können.

Mit den Kindern werden Regeln darüber vereinbart, welche Körperteile berührt werden dürfen (z. B. Rücken, Arme und Beine). Zudem können die Kinder untereinander zusätzliche Regeln vereinbaren und bestimmte Stellen ausschließen (z. B. weil ein Kind dort kitzelig ist).

Sagen Sie nun die verschiedenen „Wetterlagen" an und geben Sie Anregungen, wie diese in Berührungen umgesetzt werden können:

- Leichter Nieselregen: Mit den Fingerspitzen leicht tupfen.
- Der Regen wird stärker: Die Berührungen werden ein bisschen fester und stärker, so als ob dicke Tropfen auf den Körper platschen.
- Hagelschauer: Fest mit den Fingern trommeln.
- Ein starker Wind weht: Mit den Handflächen streichen.
- Der Wind flaut ab: Nur noch ganz zart mit den Handflächen über den Körper streichen.

Wenn der Sturm vorbei ist, darf das liegende Kind noch ein bisschen ruhen und nachspüren. Anschließend wird gewechselt, bis jedes Kind einmal auf der Unterlage gelegen hat. In einer Nachbesprechung können sich die Kinder dazu austauschen, welche Berührungen sie als besonders angenehm erlebt haben.

Hintergrund

Die Kinder spüren den eigenen Körper, sie können verschiedene Berührungen und Intensitäten wahrnehmen und diese Empfindungen genießen. Auf spielerische Weise sind die Kinder mit anderen nonverbal über kinästhetische Wahrnehmung in Kontakt. Das gegenseitige Geben und Nehmen ist mit Freude und Spaß verbunden.

5.2.11 Bewegte Statuen

Dauer	ca. 30 Minuten
Zielsetzungen	In dieser Übung lernen die Kinder An- und Entspannung zu regulieren und dabei • Körperteile zu benennen, • An- und Entspannungszustände verschiedener Muskelgruppen zu spüren und • den Muskeltonus zu senken.
Benötigte Materialien und Vorbereitung	Die Übung sollte an einem Ort durchgeführt werden, der ausreichend freie Fläche bietet, z.B. im Freien oder in einer Turnhalle. Jedes Kind sucht sich einen Platz, an dem es mit ausgestreckten Armen stehen kann, ohne ein anderes Kind zu berühren.

Durchführung

Leiten Sie die Übung ein, indem Sie den Kindern erklären, was eine Statue ist: eine Figur aus Stein, Holz oder Metall, die wie ein Mensch oder wie ein Tier aussieht. Solche Statuen stehen manchmal an Plätzen oder im Museum. Nun sollen die Kinder als „lebendige Statuen" Teil einer Ausstellung in einem Museum sein.

Als erstes breiten die Kinder die Arme aus, um zu prüfen, ob genügend Abstand zu den anderen Kindern vorhanden ist. Anschließend werden folgende Übungen angeleitet:

1. *Starker Mann, starke Frau:* Die Kinder nehmen „Bodybuilder"-Posen ein und spannen die Muskeln beider Oberarme (Biceps und Triceps) an.
2. *Hungriger Bär:* Der Bär streckt sich mit beiden Armen weit nach oben und versucht, an den Honig aus einem Bienenstock weit oben im Baum zu kommen. Die Muskulatur im Schultergürtel und die Rückenstrecker werden dabei angespannt.
3. *Bergwanderer:* Die Kinder versuchen mit einem Riesen-Schritt über den Fluss zu kommen und bleiben dann im Ausfallschritt (nach vorne oder zur Seite) stehen. Hierbei werden insbesondere die Hüft- und Gesäßmuskulatur angespannt.
4. *Bogenschütze:* Die Kinder halten mit der einen Hand einen „Bogen" und ziehen mit der anderen Hand die „Bogensehne" am Oberkörper vorbei nach hinten. Sie halten diese Stellung, bis auf Kommando der Pfeil abgeschossen wird. Während dieser Übung wird die Muskulatur im Schulterbereich und im oberen Rücken angespannt.

5. *Skirennfahrer:* Die Kinder nehmen die Abfahrtshocke ein und bleiben mit angespannter Oberschenkelmuskulatur in dieser Stellung.
6. *Tauziehen:* Die Kinder stellen sich in Schrittstellung, nehmen die Arme vor den Körper und geben vor, an einem dicken Seil ganz fest zu ziehen. Sie nehmen dabei eine Haltung ein, in der sie sich etwas zurücklehnen und sich mit den Händen am vorgestellten Seil festhalten. In dieser Haltung spannt sich die Bauch- und die Rückenmuskulatur an.

Die Positionen als „Statue" sollten jeweils mindestens 5–7 Sekunden lang gehalten werden. Lenken Sie die Aufmerksamkeit der Kinder auf die Anspannung in den beteiligten Muskelgruppen. Nach jeder Übung werden die zuvor angespannten Muskeln gelockert und ausgeschüttelt. Die Kinder werden dazu ermuntert, den Unterschied zu spüren und wahrzunehmen, wie sich die Entspannung im Körper anfühlt.

Hintergrund

Die Kinder führen spielerisch Übungen zur isometrischen Anspannung und anschließender Lockerung der Muskulatur durch. Die Übungen folgen dem Prinzip der „Progressiven Muskelentspannung" nach Jacobson (2002). Wird die Anspannung mindestens 5–7 Sekunden lang gehalten, so tritt anschießend die so genannte „post-isometrische Relaxation" im Muskel ein. Der Muskeltonus sinkt, so dass die Muskulatur entspannter ist als vor der Übung.

5.3 Beziehungen

5.3.1 Menschen, die ich mag

Dauer	ca. 30 Minuten
Zielsetzungen	Zentrale Zielsetzung der Übung ist es, liebevolle Beziehungen als soziale Ressource ins Bewusstsein zu rücken. Teilziele: • für das Kind sichtbar und begreifbar machen, dass es mit anderen liebevoll verbunden ist • Sicherheit und Vertrauen erfahren • Kreativität anregen
Benötigte Materialien und Vorbereitung	• Steine in unterschiedlichen Formen und Größen • Fotoapparat Jedes Kind hat einen Platz für sich und einen Vorrat an Steinen zur Verfügung. Die Übung eignet sich sehr gut zur Durchführung im Freien.

Durchführung

Bitten Sie das Kind, für sich selbst einen Stein auszusuchen und ihn vor sich auf den Boden zu legen. Anschließend laden Sie das Kind ein, für die Personen, die es lieb hat und von denen es sich geliebt oder gemocht fühlt, jeweils einen Stein auszusuchen. Immer, wenn es für eine Person einen Stein ausgewählt hat, legt es ihn um den ersten Stein (der für es selbst steht) herum. Begleiten Sie das Kind (die Kinder) dabei Schritt für Schritt, indem Sie immer wieder nachfragen, ob es noch eine Person gibt, die ihnen einfällt und auch Beispiele nennen (Mutter, Vater, Geschwister, Freunde, Oma, Opa … oft sind auch Haustiere wichtig). Nach und nach entsteht so ein Bild davon, dass das Kind von anderen umgeben ist, die es gern hat oder von denen es sich gemocht fühlt. Dem Kind kann so verdeutlicht werden, dass Personen da sind, mit denen es liebevoll verbunden ist. Manchmal ist es auch wichtig, das zu verbalisieren, wie z. B.:

- „Da gibt es ja einige Menschen, die du lieb hast und die dich lieb haben. Das ist doch ein schönes Gefühl."
- oder, wenn bei einem Kind nur wenige Steine ausgesucht wurden: „Es ist schön, wenn man ein paar ganz wichtige Menschen um sich hat, die einen lieb haben und die man auch ganz lieb hat."

Im Anschluss kann für jedes Kind ein Foto von seinem Bild gemacht und im Raum aufgehängt werden. Schön ist es auch, wenn die Kinder „ihre" Steine mitnehmen dürfen.

Hintergrund

Ressourcen werden dann besonders erfahrbar, wenn ihnen ausreichend Platz eingeräumt wird. Dies wird in dieser Übung durch die nach außen gebrachte und durch die Steine sichtbare Darstellung unterstützt.

5.3.2 Bildergeschichten mit Resi und Ralf: „Ralf und Resi streiten sich", „Tante Trude und Onkel Oskar" und „Schusselige Resi"

Dauer	jeweils ca. 45 Minuten
Zielsetzungen	Die Arbeit mit diesen Bildergeschichten verfolgt die Zielsetzungen, kooperative Fähigkeiten, Konflikt- und Problemlösen sowie den sprachlich-erzählerischen Ausdruck zu unterstützen. Teilziele sind dabei: • sich in andere einfühlen • Bedürfnisse bei sich und bei anderen erkennen • sich streiten dürfen und sich versöhnen können • angenehme und unangenehme Gefühle unterscheiden • Grenzen im Kontakt achten, sich abgrenzen dürfen • konstruktiv mit „Fehlern" und Missgeschicken umgehen • sprachlich-erzählerischen Ausdruck in Bezug auf Gefühle in Beziehungen entwickeln
Benötigte Materialien und Vorbereitung	Bilderbuch „Bildergeschichten mit Resi und Ralf" (s. CD-ROM) mit • Bildergeschichte A) „Ralf und Resi streiten sich" • Bildergeschichte B) „Tante Trude und Onkel Oskar" • Bildergeschichte C) „Schusselige Resi"

Durchführung

Sehen Sie gemeinsam die jeweilige Bildergeschichte an und unterstützen Sie die Kinder dabei, zu erzählen, was passiert und was sie sehen. Fragen Sie die Kinder nach eigenen Erfahrungen zu dem jeweiligen Thema während oder nach der Geschichte, beispielsweise zur Bildergeschichte „Ralf und Resi streiten sich" nach Situationen, in denen die Kinder sich gestritten und später wieder versöhnt haben, bei der Bildergeschichte „Schusselige Resi" nach Erfahrungen, bei denen ihnen ein Missgeschick geschehen ist und sie sich schuldig gefühlt haben, und bei der Bildergeschichte „Tante Trude und Onkel Oskar" nach Momenten, in denen sie sich unwohl gefühlt haben, weil ihnen jemand zu nahe gekommen ist oder etwas gemacht hat, was sie nicht wollten.

Bildergeschichte A) „Ralf und Resi streiten sich"

In der Bildergeschichte beginnt eine Rauferei zwischen Resi und Ralf, weil sich Ralf auf dem gemeinsamen Kuschelplatz so breitgemacht hat, dass Resi keinen

Platz mehr findet, als sie sich dazulegen möchte. Hier geht es um Bedürfnisse und Interessen, um Streiten und Versöhnen. Konflikte entstehen in der Regel aus unterschiedlichen Interessen, über die man sich auseinandersetzen muss. Sich streiten können, sich nach einem Streit wieder versöhnen können und über Interessen verhandeln können, sind dabei wichtige Fähigkeiten. Dabei gibt es unterschiedliche Gefühle, die alle dazugehören und normal sind. Der konstruktive Umgang mit ihnen ist aber auch ein Lernprozess, bei dem die sprachlichen Fähigkeiten eine große Rolle spielen. Bedürfnisse müssen erkannt und benannt werden, damit der andere sie wahrnehmen kann. Um Lösungen im Konflikt zu finden, ist es wichtig, verhandeln zu können.

Beispielfragen

Kannst du uns eine Situation erzählen, in der es aus ähnlichen Gründen einen Streit gab?

Um was ging es dabei?

Was war dein Bedürfnis und was wollte die andere Person?

Wie habt ihr euch wieder versöhnt?

Welche Lösung habt ihr gefunden?

© Tasso Beuschel

Abbildung 14: Illustration zur Bildergeschichte „Ralf und Resi streiten sich"

Bildergeschichte B) „Tante Trude und Onkel Oskar"

In der Bildergeschichte kommen Tante Trude und Onkel Oskar zu Besuch. Sie können nett sein und sind nicht grundsätzlich unangenehm, überschreiten aber immer wieder die Grenzen von Resi und Ralf, indem sie sie ungefragt anfassen, streicheln und auf den Schoß nehmen, ohne zu schauen, ob Resi und Ralf das gerade möchten. Resi wehrt sich gegen die zu große Nähe, indem sie faucht, mit der Tatze haut und beißt, Ralf springt vom Schoß herunter und faucht und beißt ebenfalls. Beide machen also ihre Grenzen deutlich und sorgen für die richtige Distanz. Etwas weiter entfernt sitzen sie gerne mit den beiden in einem Raum und sind dort ganz zufrieden. Es geht also darum, die jeweils passende Nähe und Entfernung zu finden und entsprechend der eigenen Gefühle und Bedürfnisse handeln zu dürfen, wenn andere Grenzen überschreiten.

Beispielfragen

Kennst du eine ähnliche Situation?

Was machst du dann? bzw. Was könntest du machen?

Welche Möglichkeiten gibt es, ein bisschen weiter wegzugehen?

Brauchst du dabei Hilfe?

Wen kannst du fragen?

Bei wem (wann) passt es, ganz nah zu sein?

Abbildung 15: Illustration aus der Bildergeschichte „Tante Trude und Onkel Oskar"

Bildergeschichte C) „Schusselige Resi"

In dieser Bildergeschichte stößt Resi aus Versehen beim Spielen einen Milchkrug um und verschüttet so die ganze Milch. Resi fühlt sich schuldig, es tut ihr sehr leid. Die Bäuerin ist wütend über die verschüttete Milch. Resi hat zwar etwas Angst vor der Wut der Bäuerin, traut sich aber, ihr Missgeschick zuzugeben. Sie bittet (nonverbal) um Verzeihung und zeigt der Bäuerin auch, dass sie sie mag. Die Bäuerin kann ihre Wut wieder beruhigen, verzeihen, dass die Milch verschüttet ist, und ihren positiven Gefühlen für Resi wieder Ausdruck geben. Die grundsätzliche Botschaft ist, dass Missgeschicke passieren, Gefühle von Schuld und Wut dabei normal sind und sich wieder verändern können. Es braucht Mut, zuzugeben, dass man etwas kaputt gemacht oder verschüttet hat, aber danach geht es einem meist besser, weil man nichts verstecken muss und sich entschuldigen kann.

Beispielfragen

Kannst du eine Situation erzählen, in der dir ein Missgeschick passiert ist?

Wie bist du damit umgangen?

Erinnerst du dich an eine Situation mit einer Person, als du etwas zugegeben (oder dich für etwas entschuldigt) hast und es danach wieder gut miteinander war?

Abbildung 16: Illustration aus der Bildergeschichte „Schusselige Resi"

Hintergrund

Auch wenn sie sehr verschiedene Schwerpunkte haben, geht es in allen drei Geschichten um typische Themen, die in Beziehungen verhandelt werden. Es geht um verschiedene Interessen, Bedürfnisse und Gefühle, um Grenzüberschreitungen, Konflikte und Probleme. Gefühle von Angst, Schuld, Ärger oder unangenehmer Nähe werden angesprochen, ebenso wie das Bedürfnis nach Problemlösung, Entschuldigung, Verzeihung und Versöhnung und angenehmer Nähe.

Wichtig ist, dass Kinder positive Vorstellungen von der Entwicklung eines Konflikts haben, damit sie sich trauen, ihre Bedürfnisse und Grenzen zu zeigen. Ebenso brauchen sie eine sprachliche Grundlage, um diese in Beziehungen mitzuteilen.

5.3.3 Das Kitzel-Tobe-Spiel

(in enger Anlehnung an Braun, 1989)

Dauer	ca. 60 Minuten
Zielsetzungen	Diese Übung verfolgt die Ziele, Grenzen im Kontakt zu achten und einen angenehmen von einem unangenehmen Körperkontakt zu unterscheiden. Teilziele sind: • Grenzen bei sich selbst wahrnehmen und anderen angemessen mitteilen • Grenzen bei anderen respektieren und einhalten • sich an Regeln halten • sich Hilfe holen
Benötigte Materialien und Vorbereitung	Vorlesegeschichte „Resi, Ralf und Klara und das Kitzel-Tobe-Spiel"

Durchführung

Lesen Sie zur Einführung des Spiels die nachfolgende Geschichte vor. Sie enthält alle Regeln des Kitzel-Tobe-Spiels.

> **Vorlesegeschichte „Resi, Ralf und Klara und das Kitzel-Tobe-Spiel"**
>
> Resi, Ralf und Klara gehen in die gleiche Spielgruppe. Eines Tages hat Klara eine tolle Idee:
>
> „Wollen wir das Kitzel-Tobe-Spiel spielen?", fragt sie Resi und Ralf.
>
> „Au ja!", rufen die beiden ganz begeistert.
>
> Resi und Ralf spielen das Kitzel-Tobe-Spiel nämlich genauso gerne wie Klara. Es ist einfach klasse, wenn sie sich zuerst gegenseitig fangen und dann kitzeln – das macht viel Spaß und ist lustig!
>
> Und schon geht es los: Zuerst fangen Klara und Resi Ralf. Als sie ihn erwischt haben, kitzeln sie ihn unter den Armen und am Bauch und Ralf lacht und quietscht vor Freude. Als Ralf „stopp" ruft, hören sie auf und lassen ihn los. Jetzt versuchen Resi und Ralf, Klara zu fangen. Sie kitzeln sie an den Füßen, bis Klara vor lauter Lachen fast die Luft wegbleibt: „Ooh oh uh uh!" Ist das komisch. „Hört auf, ich kann nicht mehr!", ruft Klara. Resi und Ralf lassen sie los.
>
> Dann wird Resi gefangen. „Die ist bestimmt hinter den Ohren und am Hals kitzelig", sagt Klara. „Ja, und am Bauch auch." „Hi hi hi hi, das ist vielleicht kitzelig – hört auf – halt!" Klara und Ralf hören mit dem Kitzeln auf. Aber dann

– was ist das? Klara und Ralf flüstern und tuscheln miteinander: „Was? Das Spiel soll schon zu Ende sein? Komm, das Spiel soll weitergehen", und schon versuchen sie Resi wieder einzufangen.

Als sie sie erwischen, kitzelt Klara sie am Bauch und Ralf unter den Armen. „Nicht – stopp!", ruft Resi außer Atem, „Hört auf, ich will nicht mehr weiterspielen!" Klara und Ralf hören aber nicht auf. Klara hält Resi fest und Ralf kitzelt sie weiter. Resi findet das gar nicht mehr lustig. Jetzt tut ihr das Kitzeln richtig weh. Sie fängt an zu weinen und ruft nach Lilly, der Erzieherin.

Die Erzieherin kommt zu den Katzen. Klara und Ralf sehen sie und hören mit dem Kitzeln auf.

„Was ist passiert, Resi? Warum weinst du?" Resi erzählt: „Wir haben das Kitzel-Tobe-Spiel gespielt und Klara und Ralf haben mich ganz arg gekitzelt, bis es richtig weh getan hat. Und als ich ‚halt!' gerufen habe, haben sie immer weitergemacht."

„Das ist aber nicht schön", sagt Lilly. „Wir hatten doch eine Verabredung. Wenn einer nein, halt oder stopp sagt, müssen die anderen darauf hören. Sonst ist das Spiel überhaupt nicht mehr lustig und macht gar keinen Spaß mehr!"

„Du Petze!", zischt Klara Resi an.

„Nein, Klara,", sagt Lilly, „das ist kein Petzen. Für Resi war das kein schönes Gefühl mehr und das kann dann auch kein Geheimnis unter Freunden sein. Resi war in Not und hat um Hilfe gerufen. Katzen, die sich Hilfe holen, petzen nicht und verraten auch keine Geheimnisse! Sie haben das Recht, sich Hilfe zu holen."

Lilly streicht Klara über den Kopf. „Stell dir vor, dich kitzelt jemand zu lange oder zu stark und hört nicht auf, obwohl du zeigst, dass du es nicht magst – da wäre es doch auch schön, wenn du rufst und jemand kommt, um dir zu helfen, oder?"

Klara und Ralf denken nach. „Ja", sagt Klara, „stimmt, wenn ich es mir so bei mir selber vorstelle, ist das kein Petzen."

Als Lilly wieder weg ist, fragen Klara und Ralf Resi: „Wollen wir wieder weiterspielen?"

„Hm, ich weiß nicht recht", sagt Resi, „... nur wenn ihr euch an die Verabredung haltet! Denn sonst macht es keinen Spaß mehr."

„Ja, das machen wir ganz bestimmt", sagen Klara und Ralf. Und dann ging das Kitzel-Tobe-Spiel wieder weiter.

Spiel

Fassen Sie mit den Kindern die Regeln des Kitzel-Tobe-Spiels aus der Vorlesegeschichte noch einmal zusammen. Dann kann das Spiel losgehen.

Reflexion

Sprechen Sie mit den Kindern über die Erfahrungen beim Kitzel-Tobe-Spiel. Thematisieren Sie dabei auch folgende Aspekte:

- Wann ist eine Berührung noch angenehm, wann nicht mehr? Hier ist es wichtig, auf individuelle Unterschiede hinzuweisen, es gibt keine allgemeinen Regeln.
- Wann kann und sollte man etwas untereinander regeln, wann nicht mehr? Wesentliche Botschaften: Situationen mit unangenehmen Gefühlen sind keine akzeptablen Geheimnisse unter Freunden. Sich Hilfe zu holen, ist kein Petzen und kein Geheimnisverrat.
- Sammeln Sie mit den Kindern Situationen, in denen es gut ist, sich Hilfe zu holen.

Hintergrund

Neben der spielerischen Förderung, angenehme und unangenehme Gefühlen zu unterscheiden und Grenzen zu achten, sollen auch Rechte bewusstgemacht werden. Ein Kind hat das Recht, unangenehme Berührungen abzulehnen, stopp zu sagen und auch das Recht, sich Hilfe zu holen, wenn ein Stoppsignal missachtet wird.

5.3.4 Streng geheim?

Dauer	ca. 60 Minuten
Zielsetzungen	Zielsetzung dieser Übung ist es, die Kinder zu einer Auseinandersetzung mit dem Thema „Geheimnisse" anzuregen. Teilzielen dabei sind: • verstehen, was ein Geheimnis ist • Unterscheidung zwischen „guten" Geheimnissen und „schlechten" Geheimnissen, die eine Belastung darstellen • lernen, dass Geheimnisse erzählt werden dürfen • erfahren, dass das Erzählen von Geheimnissen entlasten kann • eigene Vertrauensperson kennen
Benötigte Materialien und Vorbereitung	• Handpuppe „Resi" und Stofftier „Ralf" (s. Bezugsquellen im Anhang, S. 163) • ReSi-Geheimniskarten (s. CD-ROM) • ReSi-Mimikkarten (s. CD-ROM) • Papier und Buntstifte

Durchführung

Teil 1: Was ist ein Geheimnis?

Fragen Sie die Kinder mit der Handpuppe Resi, was eigentlich ein Geheimnis ist. Wenn die Kinder mit der Erklärung Schwierigkeiten haben, kann das Stofftier Ralf (gesprochen von Ihnen oder einer weiteren pädagogischen Fachkraft) ein wenig „nachhelfen". Fragen Sie die Kinder auch nach Beispielen. Falls den Kindern zunächst nichts dazu einfällt, können Sie ein paar Situationen vorgeben.

> **Beispiele**
>
> *Hasan hat ein Geburtstagsgeschenk für Lea. Weil er sie damit überraschen möchte, erzählt er ihr nichts davon.*
>
> *Markus und Johann haben im Kindergarten beim Malen den Topf mit der Farbe umgeworfen. Niemand hat es gesehen, und sie haben abgemacht, dass sie nichts sagen. Als die Erzieherin später fragt, wer die Farbe umgeworfen hat, melden sie sich nicht.*

Teil 2: Sind alle Geheimnisse gleich?

Im nächsten Teil der Übung geht es um gute und schlechte Gefühle, die man bei verschiedenen Geheimnissen haben kann. Nicht alle Geheimnisse fühlen sich gleich an:

- Manche Geheimnisse machen Spaß und prickeln angenehm vor Aufregung, das sind die guten Geheimnisse.
- Manche Geheimnisse machen einen traurig und ganz schwer innen drin, oder man fühlt sich ein bisschen wütend oder ängstlich. Oder man fühlt sich auf eine andere Art unwohl oder hat ein komisches Gefühl und weiß nicht genau, wie man es nennen soll – das sind die schlechten Geheimnisse.

Markieren Sie mit den ReSi-Mimikkarten auf dem Boden einen Platz für gute Geheimnisse (Mimik für Freude) und einen Platz für schlechte Geheimnisse (Mimik für Angst, Wut, Traurigkeit). Stellen Sie das Geheimnis der ersten ReSi-Geheimniskarte vor und fragen Sie in die Runde, ob es ein gutes oder schlechtes Geheimnis ist. Fragen Sie die Kinder nach Begründungen für ihre Bewertung.

Legen Sie dann die ReSi-Geheimniskarte auf dem passenden Platz am Boden ab. Mit den weiteren ReSi-Geheimniskarten verfahren Sie ebenso.

Teil 3: Was mache ich, wenn ich ein „schlechtes" Geheimnis habe?

Nehmen Sie von dem Platz mit den „schlechten" Geheimnissen die erste Karte und lesen Sie den Kindern das Geheimnis-Beispiel noch einmal vor.

> **Überlegen Sie alle gemeinsam:**
>
> *Wie fühlt sich das schlechte Geheimnis an? Warum fühlt es sich so an?*
>
> *Was kann der Person in der Situation helfen? Wem könnte sie sich anvertrauen?*
>
> *Es ist wichtig, hier noch einmal zu betonen:*
> - *Schlechte oder blöde Geheimnisse nicht für sich behalten!*
> - *Auf jeden Fall einer Vertrauensperson davon erzählen!*

Gehen Sie nacheinander die verschiedenen ReSi-Geheimniskarten mit den Kindern durch. Ziel hierbei ist es, dass sich bei den Kindern das Wissen verfestigt, dass man schlechte Geheimnisse am besten einer Vertrauensperson erzählt. Jeder Mensch hat andere Vertrauenspersonen, und je nach Geheimnis können sich auch die Vertrauenspersonen unterscheiden.

Ziel der Übung ist auch, dass die Kinder eine konkrete Vorstellung davon haben, an wen sie selbst sich wenden können.

Fragen Sie daher die Kinder:

Wer sind eure Vertrauenspersonen?

Wem würdet ihr ein schlechtes Geheimnis anvertrauen?

Jedes Kind kann nun ein Bild von seiner Vertrauensperson bzw. seinen Vertrauenspersonen malen. Die Bilder werden im Gruppenraum aufgehängt.

Hintergrund

Zu den grundlegenden Verhaltensmustern bzw. Täterstrategien bei sexuellem Missbrauch an Kindern gehört unter anderem die systematische Verwicklung des Kindes in die Geheimhaltung des Geschehens.

Auch in anderen, alltäglicheren Situationen können Kinder Grenzüberschreitungen an sich selbst oder anderen Beteiligten erleben und zur Geheimhaltung des Erlebten angehalten werden.

Mit dieser Übung soll vermittelt werden, dass niemand von einer anderen Person dazu gezwungen werden darf, ein Geheimnis für sich zu behalten, und dass Geheimnisse grundsätzlich erzählt werden dürfen, wenn sie eine Belastung darstellen. Besonders im Vorschulalter sollte betont werden, dass Erzählen ausdrücklich erlaubt ist. Eine Geheimhaltung ist nur in Situationen angebracht, in denen eine freudige Überraschung für andere vorbereitet wird. Auch sollte das Geheimnis dann nur für eine kurze und für Kinder absehbare Zeitspanne bestehen und dann gelüftet werden.

5.3.5 Wie kann ich „nein" und wie kann ich „ja" sagen?

(in Anlehnung an Pfeffer & Göppner-Pfeffer, 2007)

Dauer	ca. 45 Minuten
Zielsetzungen	Ziel dieser Übung ist es, zu vermitteln, Grenzen bei sich und anderen zu achten und diese auch spielerisch nach außen auszudrücken. Zugleich geht es auch darum, • spielerisch verschiedene Formen und Intensitäten auszuprobieren, um „nein" und „ja" zu sagen, • durch den spielerischen Umgang leichter ein „Nein" von anderen akzeptieren zu können, • anzuregen, darüber nachzudenken, wann man „ja" oder „nein" zu etwas sagen möchte.
Benötigte Materialien und Vorbereitung	mehrere möglichst große Spiegel

Durchführung

Erzählen Sie zur Einstimmung eine kurze Geschichte über das „Nein".

Beispielgeschichte „Die Stadt, in der lauter ‚Neins' wohnen"

In der Stadt gibt es kleine „Neins" und große „Neins", laute und leise „Neins", junge und alte „Neins" und auch welche in mittleren Jahren. Es gibt schüchterne „Neins" und solche mit viel Mut. „Neins", die miteinander befreundet sind und vieles gemeinsam machen, und andere, die dauernd streiten und kämpfen.

Dann gibt es eine Nachbarstadt, in der die „Jas" wohnen. Auch hier gibt es viele Varianten, ein „Ja" auszudrücken.

Teil 1

Die Kinder gehen zu zweit mit jeweils einem Spiegel zusammen. Abwechselnd probieren sie erst verschiedene Varianten, wie man „nein" sagen kann, vor dem Spiegel aus (verbal, mimisch, gestisch) und beobachten sich sowohl selbst im Spiegel als auch das andere Kind. Ziel ist, dass sie die ganze Bandbreite an Ausdrucksweisen ausprobieren, z. B. leise und schüchtern, aber auch leise und entschieden, ganz laut und energisch, dann wieder ein lockeres „Nein" in einem normalen Tonfall oder auch ein freundliches „Nein". Neben der Gesichtsmimik wird auch der ganze Körper einbezogen, z. B. durch eine klare Abwehrgestik.

Anschließend probieren die Kinder aus, welche verschiedenen Formen es gibt, „ja" zu sagen.

Begleiten Sie in spielerischer Atmosphäre das Ausprobieren der verschiedenen Ausdrucksformen.

Teil 2

Die Kinder stellen sich in einem Innen- und Außenkreis gegenüber auf. Die Kinder, die sich gegenüberstehen, sehen sich an und sagen dann jeweils „nein" zum anderen Kind. Dann verbeugen sie sich zum Abschied und gehen einen Schritt weiter zum nächsten Kind, der Innenkreis und der Außenkreis bewegen sich also gegenläufig. Auch hier geht es wieder darum, verschiedene Ausdrucksformen selbst auszuprobieren und beim Gegenüber zu erleben.

Nach ein, zwei Runden wechseln Sie zum „Ja".

Moderieren Sie die Geschwindigkeit des Wechsels und verschiedene Varianten des Ausdrucks, falls die Kinder es nicht schon von sich aus tun. Die Kinder sollten sich zwei- bis dreimal begegnet sein, bevor die Übung mit einer allgemeinen Verbeugung im Kreis beendet wird.

Reflexion

Sammeln Sie mit den Kindern,
- welche Formen, „nein" zu sagen, für sie am besten passen,
- welche Formen des „Nein"-Sagens sie bei anderen leichter und welche sie weniger leicht akzeptieren können,
- in welchen Situationen sie gerne „ja" sagen,
- in welchen Situationen im Leben der Kinder es wichtig wäre, „nein" zu sagen, und
- wie man es dort am besten sagen sollte.

> **Hintergrund**
>
> In diesem Spiel rücken die vielfältigen Möglichkeiten, „nein" zu sagen und Grenzen zu ziehen, ins Zentrum der Aufmerksamkeit. Die Möglichkeiten, Zustimmung oder Ablehnung zu äußern, können über Variationen der Stimme, der Lautstärke sowie der Mimik, Gestik und Körperhaltung erweitert werden. Neben der Erweiterung der Ausdrucksmöglichkeiten geht es auch um die Erfahrung, dass das „Nein"-Sagen und das Akzeptieren eines Neins zum Alltag dazu gehören. Zugleich sollen die Kinder angeregt werden, darüber nachzudenken, zu welchen Situationen sie „nein" und zu welchen sie „ja" sagen möchten.

5.3.6 Gegenverkehr über der Schlangengrube

(in Anlehnung an Pfeffer, 2005)

Dauer	ca. 45 Minuten
Zielsetzungen	Zielsetzung der Übung ist es, dass Kinder Herausforderungen kooperativ bewältigen und dabei • Probleme lösen, • mit anderen Kindern zusammenarbeiten, um Aufgaben zu lösen, • Grenzen im Kontakt achten, • Regeln einhalten.
Benötigte Materialien und Vorbereitung	Möglichkeit zu balancieren, z. B. Turnbank, Baumstamm, Balancebalken oder erhöhtes Brett. In der Mitte des Raumes steht der Balancebalken. Vier Kinder bekommen die Rolle der Kitzelschlangen, d. h., sie dürfen die Kinder, die vom Balancebalken herunterfallen, durchkitzeln, auf dem Balken dürfen sie sie jedoch nicht berühren. Die übrigen Kinder bilden Paare.

Durchführung

Erzählen Sie den Kindern, dass es sich hier um einen Weg handelt, der über eine Schlangengrube führt, die voll mit Kitzelschlangen ist. Wer in die Grube hineinfällt, wird von oben bis unten durchgekitzelt! Wenn zwei Kinder sich auf dem Balken begegnen, müssen sie eine Möglichkeit finden, aneinander vorbeizukommen und auf dem Balken zu bleiben, so dass beide ihren Weg fortsetzen können. Die Kinder treten paarweise an, indem sie jeweils an einem Ende des Balkens aufsteigen und beginnen, aufeinander zuzugehen. Gewinnen können nur beide Kinder gleichzeitig, und zwar dann, wenn sie gut aneinander vorbeigekommen und oben geblieben sind und jeder das andere Ende des Weges erreicht hat. Wenn Kinder vom Balken fallen, werden sie von den Kitzelschlangen durchgekitzelt, wobei Grenzen geachtet werden, beispielsweise können Sie vorher mit den Kindern Regeln zum Kitzeln besprechen (vgl. Kap. 5.3.3 *Das Kitzel-Tobe-Spiel*).

In immer neuen Paarkonstellationen probieren die Kinder spielerisch die unterschiedlichen Möglichkeiten aus, auf dem schmalen Weg aneinander vorbeizukommen. Auch die Kitzelschlangen können abgelöst werden.

Besprechen Sie anschließend mit den Kindern,

- was am besten geklappt hat,
- was nicht gut funktioniert hat und
- wie man sich gegenseitig unterstützen kann.

Hintergrund

Um diese Aufgabe zu lösen, müssen die Kinder Formen der Zusammenarbeit finden. Sie müssen sich verbal, aber auch mit dem Körper verständigen. Dies erfordert eine feine Abstimmung verschiedenster Informationen. Sie sind herausgefordert, mit dem eigenen Körper das Gleichgewicht zu halten bzw. es immer wieder neu herzustellen. Gleichzeitig entsteht ein „gemeinsamer" Körper in dem Moment, in dem sich die Kinder treffen. Auch dieser gemeinsame Körper muss im Gleichgewicht gehalten werden. Wenn die Kinder einander wahrnehmen, sich gut verständigen und miteinander kooperieren, haben sie den größten Erfolg. Auch der „Misserfolg", das Herunterfallen vom Balken, gehört dazu und wird mit Leichtigkeit behandelt, bevor man wieder neu auf den Balken steigt. Zugleich gilt es auch wieder, beim Durchkitzeln die Grenzen der anderen wahrzunehmen und zu achten. Es wird vermittelt, dass dieses Recht, dass die persönlichen Grenzen geachtet werden, jedem Kind zusteht.

5.3.7 Wie sage ich es, wenn mich etwas stört?

(in Anlehnung Pfeffer & Göppner-Pfeffer, 2007)

Dauer	ca. 30 Minuten
Zielsetzungen	Zielsetzung dieser Übung ist es, grundlegende Fähigkeiten zur Konfliktlösung zu fördern. Die Kinder werden darin unterstützt, • verbal und nonverbal eigene Bedürfnisse und Grenzen auszudrücken, • bei sich wahrzunehmen, wo die eigenen Grenzen beginnen und wo sie übertreten werden, • Grenzverletzungen zurückzuweisen, • Grenzen bei anderen wahrzunehmen und zu achten.
Benötigte Materialien und Vorbereitung	Handpuppe „Resi" (s. Bezugsquellen im Anhang, S. 163)

Durchführung

Die Übung kann in einer großen Runde, z. B. im Morgenkreis, oder in einer Kleingruppe durchgeführt werden.

Führen Sie das Thema ein, indem Sie die Handpuppe Resi ein Beispiel von einer Situation erzählen lassen, in der sie sich von anderen gestört gefühlt hat. Sie können auch ein eigenes Beispiel erzählen oder Sie erzählen Beispiele von Kindern, die Sie beobachtet haben.

Im gesamten Verlauf des Gesprächs können Sie sowohl selbst als Erzieher*in sprechen, als auch Resi mit den Kindern kommunizieren lassen, je nachdem, was Sie im jeweiligen Moment als günstiger einschätzen.

Situationen sammeln

Fragen Sie (bzw. Resi fragt) die Kinder nach eigenen Beispielen von Situationen, in denen sie sich gestört gefühlt haben.

Versuchen Sie den Kindern durch Fragen dabei zu helfen, genau herauszufinden, wodurch sie sich gestört gefühlt haben.

> **Beispielfragen**
>
> *Was war los in der Situation, als du dich gestört gefühlt hast?*
> *Wann genau hat die Störung angefangen?*
> *Bis wohin hast du dich in der Situation noch gestört gefühlt?*

Bist du durch die Störung an etwas gehindert worden?

Was hättest du gerne weitergemacht?

Lösungsstrategien sammeln

Nachdem die Kinder einige Situationen berichtet haben, beginnen Sie in einem zweiten Schritt, mit den Kindern gemeinsam zu überlegen, was man demjenigen sagen kann, durch den man sich gestört fühlt. Wählen Sie eine Situation aus, welche die Kinder beschrieben haben. Nun sammeln Sie mit den Kindern Ideen, wie man in dieser Situation reagieren kann. Welche Arten gibt es, jemandem mitzuteilen, dass man sich gestört fühlt und wodurch genau man sich gestört fühlt?

Wichtig ist, erst einmal recht viele Möglichkeiten zu sammeln, ohne sie zu bewerten. Machen Sie dies auch den Kindern deutlich („Wir sammeln jetzt erst einmal alle möglichen Arten, wie man reagieren kann. Im Gespräch darüber sind alle Ideen willkommen. Erst später überlegen wir, was wir gut oder nicht so gut finden und warum!"). Es können freundliche und unfreundliche Worte sein, kurze Mitteilungen oder längere Erklärungen etc.

Lösungsstrategien bewerten

Erst wenn es verschiedene Variationen gibt, lassen Sie die Kinder ein oder zwei Möglichkeiten der vorgeschlagenen Ideen, auf die Störung zu reagieren, für sich auswählen. Fragen Sie sie, warum sie diese Möglichkeit für sich wählen würden.

Besprechen Sie in ähnlicher Weise weitere Situationen, die von den Kindern genannt wurden.

Hintergrund

In dieser Gesprächssituation geht es darum, zu lernen, die eigene Befindlichkeit dem Gegenüber sprachlich zurückzumelden und sprachlich klar Grenzen zu ziehen. Zugleich wird die Aufmerksamkeit auf einen wichtigen, einer Lösungsstrategie vorausgehenden Aspekt gelenkt. Die eigenen Bedürfnisse und Grenzen müssen deutlich wahrgenommen werden, bevor man ein Recht darauf empfinden und sie anderen gegenüber klar zum Ausdruck bringen kann. Problematisch bei Konflikten – auch bei Erwachsenen – ist häufig, dass eigene Bedürfnisse und Grenzen sowie deren Übertretung erst (zu) spät wahrgenommen werden.

Eine aktive Beteiligung an dem Gesprächskreis ist ebenso sinnvoll wie eine passive Zuhörerrolle, die gerade jüngere Kinder hier oft einnehmen. Auch bei ihnen wird die Wahrnehmung und der sprachliche Ausdruck von Bedürfnissen und Grenzen geschult, denn sie lernen von den anderen, indem sie deren Erzählungen verfolgen.

5.3.8 Resi hat schlechte Laune

Dauer	ca. 30 Minuten
Zielsetzungen	Die Kinder beschäftigen sich mit Möglichkeiten der Gefühlsregulation und der Konfliktlösung. Wichtige Teilaspekte dabei sind: • sich mit schlechter Laune, Wut und Streit auseinandersetzen • sich selbst beruhigen können • Wege der Versöhnung und Entschuldigung erlernen
Benötigte Materialien und Vorbereitung	Vorlesegeschichte „Resi hat schlechte Laune"

Durchführung

Lesen Sie den Kindern die Geschichte vor und sprechen Sie im Anschluss mit ihnen darüber. Beispielsweise können Sie nachfragen, wie es ihnen beim Zuhören gegangen ist, ob sie so etwas Ähnliches auch schon mal erlebt haben und wie sie sich nach einem Streit wieder vertragen.

Als Variante ist es auch möglich, die Geschichte Stück für Stück vorzulesen und zwischen den Abschnitten das Gespräch zu suchen. Sie können an passenden Stellen der Geschichte eine Pause machen und die Kinder fragen, wie es weitergehen könnte und welche Ideen die Kinder dazu haben, was Resi, Ralf oder auch der Schmetterling jetzt machen werden.

Vorlesegeschichte „Resi hat schlechte Laune"

An einem grauen, ungemütlichen Morgen sitzt die kleine Katze Resi in ihrem Zuhause mit schlechter Laune am Fressnapf. Das Essen schmeckt ihr heute nicht. Lustlos tigert sie hin und her und wartet auf ihren Freund Ralf. Von Minute zu Minute wird ihre Laune noch schlechter. Dann erscheint Ralf an der Tür. Er ist bester Laune und begrüßt Resi mit einem fröhlichen „Hallo, Guten Morgen, da bin ich!".

Resi maunzt nur ein grummeliges „Hallo". „Nanu", wundert sich Ralf, „was ist dir denn für eine Laus über die Leber gelaufen?" Normalerweise begrüßt Resi ihn immer sehr freudig, wenn er sie zum Spielen abholt. Resi antwortet nicht und guckt ihn nur mürrisch an. „Los", sagt Ralf, „lass uns etwas spielen! Wir können zu unserem Gebüsch gehen!"

Resi mault gelangweilt: „Da waren wir erst gestern. Ist doch langweilig!"

Ralf zwirbelt sich am Schnurrhaar und überlegt. „Hmmm! Dann suchen wir eben Mäuse auf der großen Wiese hinterm Teich!"

Resi kuckt wenig begeistert. „Haben wir vorgestern gemacht, ist auch langweilig!"

„Dann mach du doch mal einen Vorschlag", raunzt Ralf leicht verärgert, „das fängt langsam an, mich zu nerven."

„Dann hau doch wieder ab", schreit Resi ihn an, „ich hab sowieso keinen Bock, mit dir zu spielen." Nun ist Ralf beleidigt. „Dann halt nicht, spiel ich eben mit den anderen!", schreit er aufgebracht zurück. Er dreht sich um und stapft wütend hinaus.

„Glaub ja nicht, dass ich nochmal mit dir spiele!", ruft Resi ihm hinterher und knallt die Tür mit Karacho zu. Ihr guter Geist, der Schmetterling, flattert gerade in diesem Moment zum Fenster herein und fliegt erschrocken eine Schleife.

Wütend läuft Resi hin und her und faucht vor sich hin. Der Schmetterling fragt sie: „Was ist denn passiert? Habt ihr euch gestritten?"

„Was weiß ich", blafft Resi, verschränkt die Pfoten und dreht sich weg. Lange hält sie das aber nicht aus, sondern geht zu ihrem Platz und kuschelt sich in ihr Kissen. Dann beginnen dicke Tränen über ihr Gesicht zu laufen und im Fell am Hals zu verschwinden. Schluchzend erzählt sie dem Schmetterling von dem Streit. Schließlich miaut sie: „Und der blöde Ralf ist an allem schuld!"

Der Schmetterling fächelt ihr sanft frische Luft mit seinen Flügeln zu und hört geduldig zu. Dann sagt er: „Hmmm, nur Ralf die Schuld zu geben, ist etwas zu einfach. Zu einem Streit gehören immer zwei. Könnte es sein, dass du mit deiner schlechten Laune auch dazu beigetragen hast?" Resi ist beleidigt: „Jetzt stellst du dich auch noch auf die Seite von Ralf. Dann haue ich eben ab!" Wütend tigert Resi davon, würdigt den Schmetterling mit keinem Blick mehr und verzieht sich ins Gebüsch. Dort rollt sie sich zusammen und beginnt, über alles nachzudenken.

Langsam merkt Resi, dass sie ruhiger wird, und nach einer Weile kann sie wieder ohne Wut an Ralf denken. Ihr wird klar, wie langweilig es ohne Ralf ist, und sie denkt an ihren blöden Streit. Dann überlegt sie: „Ich muss Ralf suchen und mich bei ihm entschuldigen. Ich hatte wirklich schlechte Laune und er konnte ja nichts dafür."

Als Resi aus dem Gebüsch kommt, stößt sie mit Ralf zusammen. Beide sind etwas verlegen und unsicher. „Ich wollte dich gerade suchen!", beginnt Resi und druckst etwas herum. „Ich bin heute Morgen wohl mit der falschen Pfote aufgestanden und war richtig gemein zu dir. Es tut mir so leid, und ohne dich war es schrecklich langweilig. Spielst du wieder mit mir?"

Resi schaut Ralf vorsichtig an. „Auf jeden Fall!", maunzt Ralf erleichtert. „Nach unserem Streit war ich ganz traurig und hatte noch nicht einmal Lust, mit den anderen zu spielen. Gerne mag ich mit dir spielen." Beide sind froh und erleichtert, dass der Streit nun vorbei ist.

„So, und jetzt?", fragt Ralf. „Hmm", maunzt Resi, „eigentlich hätte ich Lust, hinterm Teich nach Mäusen zu suchen!" „Ich auch", sagt Ralf. Sie nehmen sich bei den Tatzen und traben gemeinsam zur großen Wiese, Mäuse fangen.

Hintergrund

Über die oben schon genannten Ziele hinaus kann mit dieser Geschichte vermittelt werden, dass Konflikte, Wut oder schlechte Laune zum Leben und zu Beziehungen dazugehören und normal sind. Gefühle sind im Fluss und verändern sich wieder. Manchmal ist es wichtig, sich zurückziehen zu können und Zeit zu haben, um sich zu beruhigen und über eine Situation nachzudenken.

5.3.9 Entspannung mit Naturmaterialien

Dauer	ca. 60 Minuten
Zielsetzungen	Die Übung zielt darauf ab, Kooperation und Problemlösen sowie achtsame Sinneswahrnehmung zu fördern und die Natur als Entspannung zu erfahren. Es geht darum, • sich mit der Natur zu verbinden und in Gemeinschaft zu sein, • gemeinsam die Schönheit der Natur zu entdecken und zu genießen, • ein gemeinsames Werk zu gestalten und dabei zu kommunizieren und zu kooperieren.
Benötigte Materialien und Vorbereitung	• Handpuppe „Resi" (s. Bezugsquellen im Anhang, S. 163) • Naturmaterial, das in ausreichender Menge zur Verfügung steht (z.B. farbige Blätter im Herbst, Steine, Stöcke, Blüten, Rinde und Ähnliches) Die Übung kann während eines Waldspaziergangs, einem Parkbesuch oder einfach im Freigelände der Einrichtung durchgeführt werden. Das Sammeln der Materialien findet in der ganzen Gruppe statt, für die Gestaltung eines Bildes mit den Materialien finden sich die Kinder in kleineren Gruppen von 4 bis 6 Kindern zusammen.

Durchführung

Mit Hilfe der Handpuppe Resi führen Sie in die Übung ein, indem Resi eine Geschichte darüber erzählt, wie schön sie Steine, Rinde, Blätter … findet, wie schön jedes einzelne Blatt aussieht, wenn man es ganz genau anschaut, und dass sie sehr gerne Bilder aus den Materialien legt, zum Beispiel eine Sonne aus funkelnden Steinen, einen bunten Kreis aus Herbstblättern, ein Schiff aus Rinde, manchmal auch einfach ein Muster, dass ihr gefällt. Wenn sie das macht, wird sie immer ganz ruhig und fühlt sich mehr und mehr entspannt. Resi lädt die Kinder ein, das auch einmal zu versuchen und zunächst während des Spaziergangs oder beim Herumspazieren im Hof nach schönem Material Ausschau zu halten und einige der schönsten Stücke aufzusammeln. Dafür ist in den nächsten 10 Minuten Zeit, und dann trifft sich die Gruppe wieder am Ausgangsplatz.

Rufen Sie anschließend die Kinder wieder zusammen und bilden Kleingruppen.

Jede Kleingruppe findet einen Platz am Boden und hat nun Zeit, aus den Materialien ein gemeinsames Bild auf den Boden zu legen, z. B. einen Kreis, eine Sonne, eine Blume, es kann aber ebenso ein Muster sein. Ziel ist es, nochmals Gelegenheit zu geben, die Farben und Formen der Naturmaterialien wahrzunehmen und zu spüren und ihre Schönheit zu genießen, etwas gemeinsam daraus zu gestalten und sich auch an den Materialien zu freuen, die die anderen Kinder mitgebracht haben.

Wenn die Kleingruppen fertig sind, führt Resi durch die Ausstellung: Gehen Sie mit allen gemeinsam von Platz zu Platz und bewundern die entstandenen Werke und Materialien. Es bietet sich auch an, die Werke zu fotografieren und so die Arbeit für die Kinder und für die Eltern zu dokumentieren.

> **Hintergrund**
>
> Die Arbeit in der Natur und die Konzentration auf Naturmaterialien wirken häufig ausgleichend und harmonisierend. Dies weckt die kreativen Kräfte und zentriert zugleich. Durch die Arbeit im Team sind die Kinder zusätzlich zur gestalterischen Arbeit gefordert, sich mit anderen über das gewählte Thema auszutauschen, gemeinsame Lösungen zu entwickeln und auf vielfältige Weise miteinander zu kommunizieren.

5.3.10 Fliegendes Ei

(in Anlehnung an Brandt, 1998)

Dauer	ca. 45 Minuten
Zielsetzungen	Zielsetzung dieser Übung ist es, Kooperation und Problemlösekompetenz zu fördern. Teilziele dabei sind: • sich auf andere zu beziehen und zusammenzuarbeiten • Gemeinschaftssinn und Gruppengefühl zu unterstützen • die Feinmotorik zu fördern • Kreativität anzuregen
Benötigte Materialien und Vorbereitung	Für jede Kleingruppe (3–4 Kinder) benötigen Sie: • 2 (rohe) Eier • 1 Rolle Tesafilm oder Kreppklebeband • 1 Schere • 1 Päckchen dicke Plastikstrohhalme Die Eier können im Vorfeld gekocht oder ausgeblasen werden, um das Aufräumen und Saubermachen im Anschluss zu erleichtern, falls Eier zu Bruch gehen. Sie können den Kindern aber auch rohe Eier geben.

Durchführung

Die Kinder finden sich in Kleingruppen (3-4 Kinder) zusammen. Jede Kleingruppe erhält ihr Material und zieht sich an einen eigenen Arbeitstisch zurück.

Die Aufgabe besteht darin, das Ei so zu verpacken, dass es einen Sturz aus einer bestimmten Höhe (z. B. aus einem Fenster im ersten Stock, von der Rutsche oder dem Klettergerüst auf dem Spielplatz) unbeschadet übersteht.

Zu diesem Zweck dürfen nur die oben angeführten Materialien verwendet werden. Jede Gruppe soll nun ihr eigenes Flug- bzw. Transportmittel erfinden ohne dabei von anderen Gruppen „abzuschauen". Eines der beiden Eier darf zum Üben verwendet werden oder dient als Reserve, falls ein Ei beim Basteln kaputtgeht.

Geben Sie den Gruppen eine feste Zeit vor, etwa 15 bis 20 Minuten. Um die Zeit anzuzeigen, können Sie eine Eieruhr oder Sanduhr verwenden. Wenn die Kinder fertig sind, werden die verpackten Eier nach und nach aus der gleichen Höhe abgeworfen. Die Eier dürfen nicht aufgefangen werden, es darf auch keine Polsterung auf dem Boden aufgebaut werden. Wenn der erste Sturz heil überstanden ist, können die besten Konstruktionen auf ihre Haltbarkeit überprüft werden, indem die Höhe weiter gesteigert wird.

Hintergrund

Eine gute Zusammenarbeit in der Kleingruppe ist nötig, um die Aufgabe zu lösen. Mehrere Lösungsvarianten können in Betracht gezogen und ausprobiert werden. Einerseits sollte vermieden werden, dass es einen „Bestimmer" in der Gruppe gibt, der sofort seine Idee durchsetzt, andererseits ist es Teil der Aufgabe, dass sich die Gruppe unter Zeitdruck auf eine der Möglichkeiten einigt, möglichst ohne zu streiten. Sie können die Kinder bei diesem anspruchsvollen Prozess unterstützen.

5.3.11 Walderlebnistour mit Resi

(in Anlehnung an Wagner, 2011)

Dauer	ca. 60 Minuten oder mehr
Zielsetzungen	Diese Übung regt Kooperation und Problemlösen an und ermöglicht Bewegungs- und Naturerfahrungen. Im Einzelnen geht es darum, • auf sich und andere zu achten, • zusammenzuarbeiten und sich zu helfen, • den Körper zu spüren, • die Natur mit allen Sinnen wahrzunehmen, • Grob- und Feinmotorik zu fördern, • Gemeinschaftssinn und Gruppengefühl zu stärken.
Benötigte Materialien und Vorbereitung	• Handpuppe „Resi" und Stofftier „Ralf" (s. Bezugsquellen im Anhang, S. 163) (bei zwei Gruppen) • ein langes Seil bzw. eine reißfeste Schnur • einige kürzere Seilstücke oder dicke Schnüre • mehrere Tücher oder Augenbinden • ein schöner Stein als Sprechstein
	Eine gute Gruppengröße für diese Übung sind 12 Kinder. Wenn Sie mit der ganzen Kitagruppe in den Wald gehen, können Sie zwei Untergruppen bilden, die jeweils von Resi oder Ralf begleitet werden.

Durchführung

Die unten vorgestellten Einzelspiele können auf der Erlebnistour je nach Vorlieben der Gruppe oder Beschaffenheit des Geländes ausgewählt oder abgewandelt werden. Auch die Reihenfolge ist abgesehen vom Abschlussspiel beliebig. Das Spiel „Sprechstein" bildet den Abschluss der Walderlebnistour.

Laden Sie die Kinder mit der Handpuppe Resi ein, gemeinsam in den geheimnisvollen Wald zu gehen und dort Abenteuer zu erleben. Resi erklärt den Kindern die Spiele und beantwortet ihre Fragen. Von Resi erhalten die Kinder Hilfestellungen zu einzelnen Spielen, sie gibt Tipps und ermutigt die Kinder während des Spielverlaufs.

Die einzelnen Spiele

Der Tausendfüßler

Um den Tausendfüßler zu bilden, stellen sich die Kinder in einer Reihe hintereinander auf allen Vieren auf einem ebenen Bodenabschnitt auf. Jeweils mit der rechten Hand greifen sie durch die Beine nach der linken Hand des Kindes dahinter. Als riesiger Tausendfüßler laufen die Kinder nun eine kurze Strecke zu einem vorgegebenen Ziel so vorsichtig über den Waldboden, dass der Tausendfüßler in einem Stück zusammenbleibt.

Die Kinder müssen sich dafür achtsam und langsam bewegen. Jedes Kind muss auf seinen Vorder- und Hintermann Rücksicht nehmen, damit der Tausendfüßler nicht zerfällt.

Balance auf dem Baumstamm

Mit Resi führen Sie die Kinder zu einem liegenden Baumstamm. Resi lädt die Kinder zunächst ein, den Baumstamm genau zu betrachten und zu untersuchen. Wie ist die Rinde beschaffen, welche Struktur hat sie, wie fühlt sie sich an? Riecht er noch nach Holz, Harz oder Moos? Wie dick ist der Stamm? Wie alt ist der Baum? Vorschulkinder können die Ringe eines Baumes zählen und somit das Alter des Baumes bestimmen (ein „dunkler" und ein „heller" Ring zusammen stehen für ein Jahr).

Nun ermuntert Resi die Kinder, nacheinander über den Baumstamm zu balancieren. Jedes Kind, das an der Reihe ist, bekommt einen „Helfer" oder eine „Helferin" zur Seite gestellt, der oder die neben dem Baum herläuft und nach Bedarf unterstützend eine Hand reicht. Je nach Fähigkeiten der Kinder können auch schwierigere Aufgaben gestellt werden, z. B.

- rückwärts auf dem Baumstamm balancieren,
- zwei Kinder starten aus verschiedenen Richtungen und versuchen auf dem Baumstamm aneinander vorbei zu kommen,
- mehrere Kinder stellen sich auf dem Baumstamm auf und versuchen, sich nach dem Alter oder der Körpergröße zu sortieren, ohne den Baumstamm zu verlassen.

Den Berg hinauf

Resi führt die Kinder zu einem steileren Waldstück. Ziel ist es, gemeinsam den Abhang zu erklettern. Die Strecke sollte die Kinder herausfordern, aber nicht überfordern. Es sollten Bäume oder Wurzeln zum Festhalten vorhanden sein. Die Kinder ersteigen vorsichtig das steile Gebiet und halten sich dabei an Wurzeln oder Baumstämmen fest. Resi ermuntert die Kinder, sich untereinander Hilfestellung zu geben.

Entlang der Schnur

Zur Vorbereitung spannen Sie in einem Gelände mit unterschiedlichen Bodenstrukturen das Seil von Baum zu Baum in verschiedenen Höhen so, dass es für jedes der Kinder immer erreichbar ist. Dazwischen können kürzere Schnüre wie Spinnennetze gespannt werden. Entlang des Seils sollten sich keine Zweige in Augenhöhe der Kinder befinden.

Mit etwas Abstand voneinander gehen die Kinder los. Jedes Kind hält sich mit einer Hand an dem Seil fest und läuft an ihm entlang. Je nach Höhe der Schnur muss es sich teilweise bücken oder auf die Zehenspitzen gehen und unterschiedliche Herausforderungen des Waldbodens bewältigen. Bei einem Spinnennetz muss sich das Kind durchschlängeln, über die Seile hinweg oder unter den Seilen hindurch steigen.

In einer nächsten Runde können Kinder, die sich trauen, mit geschlossenen Augen vorsichtig am Seil entlanggehen. Die Handpuppe Resi macht die Kinder darauf aufmerksam, langsam zu gehen, achtsam den Boden zu spüren und Hindernisse wie beispielsweise die quergespannten Seile wahrzunehmen.

Abschluss: Der Sprechstein

Stellen Sie sich mit den Kindern in einem großen Kreis auf. Resi hält einen Sprechstein in der Hand und erläutert, dass immer die Person, die den Sprechstein in der Hand hält, mit Erzählen an der Reihe ist, während die anderen zuhören. Resi ist neugierig und möchte gerne wissen, wie die Kinder die Erlebnistour empfunden haben. Sie lädt die Kinder im Kreis ein, ganz still zu werden, nach innen zu horchen und darüber nachzudenken,

- worüber sie stolz sind,
- was für sie eine Herausforderung war,
- wo sie mutig waren,
- in welchen Situationen es besonders schön mit den anderen war,
- was Spaß gemacht hat.

Leiten Sie die Gesprächsrunde ein, indem Resi den Sprechstein an eine Person im Kreis weitergibt. Wenn es Ihnen sinnvoll erscheint, beginnen Sie selbst, eine Erfahrung zu schildern, und reichen Sie dann den Stein weiter.

> **Hintergrund**
>
> Spielerisch kann hier die Erfahrung gemacht werden, eine Aufgabe zu bewältigen und dabei Unterstützung in einer Gruppe zu erfahren. Erfolgserlebnisse und die Erfahrung von unterstützendem Kontakt sind wesentliche Ressourcen für die Entwicklung von Selbstvertrauen und Selbstsicherheit. Die Übung schafft Gelegenheiten, in denen Kinder sich stolz, mutig und mit anderen und der Natur verbunden fühlen können. Das Körpergefühl und der Selbstwert des einzelnen Kindes können gestärkt und die Gemeinschaft der Kinder gefestigt werden.

5.4 Erzählen

5.4.1 „Erzähl es!"

Dauer	ca. 30 Minuten
Zielsetzungen	Zielsetzung dieser Übung ist es, Kinder zum Erzählen zu ermutigen.
	Dabei sollte verdeutlicht werden, dass es auch neben anderen möglichen Lösungswegen immer richtig ist, zu erzählen und sich dadurch Hilfe zu holen. Das gilt ganz besonders in Situationen, in denen „Nein"-Sagen nicht hilft, z. B. weil das „Nein" überhört oder übergangen wird, und in Situationen, in denen man sich nicht traut, „nein" zu sagen, weil der andere z. B. viel größer und stärker ist. Dann ist es wichtig, sich Hilfe und Unterstützung zu holen und anderen davon zu erzählen.
	Davon zu erzählen und Hilfe zu holen ist kein Petzen, sondern man hat das Recht, sich Unterstützung zu suchen, wenn man in Not ist oder wenn man etwas nicht einschätzen kann und ein komisches Gefühl hat.
Benötigte Materialien und Vorbereitung	• ReSi-Situationskarten „Erzähl es!" (s. CD-ROM) • Für die Variante benötigt man folgende Bilder aus den „Bildergeschichten mit Resi und Ralf" (s. CD-ROM): – Seite 30 – Seite 31 – Seite 36 Sie können Bildkarten herstellen, indem Sie die ausgedruckten Bilder auf einen festeren Karton kleben.

Durchführung

Leiten Sie damit ein, dass es manchmal Situationen gibt, in denen man sich unwohl oder unsicher fühlt, z. B. wenn man neu in eine Gruppe kommt und noch kein Kind kennt oder wenn ein großer Junge aus der Nachbarschaft einen andauernd erschreckt. Dann kann es helfen, wenn man davon erzählt, z. B. einer erwachsenen Person, die man gerne mag und bei der man sich sicher fühlt.

Fragen Sie die Kinder, ob sie vielleicht schon eine solche Situation kennen. Anschließend holen Sie die ReSi-Situationskarten hervor und sagen den Kindern, dass Sie (weitere) Beispiele für solche Situationen mitgebracht haben.

Nun lesen Sie den Kindern nacheinander die ReSi-Situationskarten vor. Sie können die beschriebenen Szenen auch mit den Handpuppen vorstellen.

Besprechen Sie zu jeder Situationskarte:

Wie geht es dem Kind?

Wem könnte das Kind von dieser Situation erzählen? Wen könnte es ansprechen, um Hilfe zu bekommen?

Fragen Sie die Kinder:

Kennt ihr die Situation?

Habt ihr so etwas Ähnliches auch schon einmal erlebt?

Das Gespräch über die ReSi-Situationskarte wird jeweils dadurch abgeschlossen, dass man die Karte umdreht, das Symbol für Erzählen auf der Rückseite zeigt und gemeinsam ruft „Erzähl es!".

Variante/Vertiefung

Zeigen Sie nacheinander die folgenden Bilder mit Szenen aus den „Bildergeschichten mit Resi und Ralf" (s. CD-ROM). Besprechen Sie mit den Kindern jeweils die dargestellte Situation (vgl. Abb. 17 bis 19).

Beispielfragen

Wie fühlt sich Resi/Ralf in dieser Situation?

An wen kann sich Resi/Ralf wenden? Wem kann sie/er das erzählen und um Hilfe bitten?

Was könnte sie/er erzählen?

© Tasso Beuschel

Abbildung 17: Tante Trude streichelt Resi, obwohl sie das nicht will (aus „Bildergeschichten mit Resi und Ralf", S. 30)

Erzählen 141

Abbildung 18: Onkel Oskar schaut Ralf auf den Popo (aus „Bildergeschichten mit Resi und Ralf", S. 31)

Abbildung 19: Resi stößt die Milchkanne um (aus „Bildergeschichten mit Resi und Ralf", S. 36)

Hintergrund

Sich zu trauen, über etwas zu reden oder etwas zu erzählen, ist ein anspruchsvoller Entwicklungsschritt und bedeutsamer Resilienzfaktor. In dieser Übung sollen die Kinder dazu ermutigt werden, sich in Situationen, die sie überfordern, an erwachsene Bezugspersonen zu wenden. Dabei werden die Kinder dazu angeregt, ihre eigenen Erfahrungen mit den vorgelesenen Geschichten zu verknüpfen.

Die Variante bietet die Möglichkeit, die „Bildergeschichten mit Resi und Ralf" noch einmal aufzugreifen und dabei die Strategie, sich in schwierigen Situationen durch Erzählen Hilfe zu holen, zu wiederholen und zu vertiefen.

5.4.2 Erzählen mit Kamishibai

(in Anlehnung an Schüler, 2011; Gruschka & Brandt, 2013)

Dauer	ca. 120–180 Minuten
Zielsetzungen	Diese Übung zielt darauf ab, die sprachlich-erzählerischen Fähigkeiten bei Kindern zu verbessern, insbesondere in der Auseinandersetzung mit Gefühlen. Darüber hinaus werden folgende Kompetenzen gefördert: • gestalterische Fähigkeiten und die bildhafte Darstellung von Erlebnissen • logische Reihung von Geschehnissen und Handlungen • Konzentrationsfähigkeit und Geduld
Benötigte Materialien und Vorbereitung	• eine beliebige Geschichte zum Vorlesen oder Bildergeschichte zum Nacherzählen, in der es um Gefühle/den Umgang mit Gefühlen geht • ein Kamishibai-Rahmen (selbst hergestellt oder gekauft) • Papier, in der zum Rahmen passenden Größe • unterschiedliche Mal-, Zeichen- und Bastelutensilien • evtl. Laminiergerät/-folien (matt) Überlegen Sie vorab, welche Kleingruppengröße für Ihre Kinder passend ist. Das Kamishibai sollte auf einem Tisch stehen, hinter dem genug Platz für die erzählende Person ist. Eine reizarme Umgebung ist förderlich für die Wirkung der Bilder und die Konzentration des Publikums.

Was ist Kamishibai?

Beim Kamishibai (übersetzt „Papiertheater") handelt es sich um eine Theaterdarbietung, in der eine Geschichte erzählt und visuell durch Bilder unterstützt wird. Die Bilder werden hintereinander in einen Holz- oder Papprahmen gestellt (Gruschka & Brandt, 2013). Der Kamishibai-Rahmen kann auch verwendet werden, um einzelne Bilder oder sehr kurze Bildabfolgen in Szene zu setzen.

Durchführung

Lesen Sie den Kindern eine Geschichte vor, in der es um das Thema Gefühle und den Umgang mit Gefühlen geht (z. B. das Vorlese-Bilderbuch „Mausemärchen – Riesengeschichten" von Annegert Fuchshuber (2017) zum Thema Angst und Mut).

> **Überlegen Sie gemeinsam mit den Kindern:**
>
> *Was erleben die Hauptfiguren in der Geschichte?*
>
> *Welche Gefühle sind damit verbunden?*

Um nun die Geschichte mit selbst gemalten Bildern nacherzählen zu können, sind die Schlüsselszenen in der Geschichte besonders wichtig.

Legen Sie einige Schlüsselszenen fest, die man als Bild benötigt, wenn man die Geschichte mit dem Kamishibai nacherzählen will, und fragen Sie die Kinder, wer dazu etwas malen möchte.

Die Kinder erzählen nun anhand der selbst gemalten Bilder gemeinsam die Geschichte nach. Der Bild- und Erzählerwechsel kann durch einen Klang (z. B. Klangschale) begleitet werden. Die Geschichte wirkt am lebendigsten, wenn viel direkte Rede eingesetzt und die Stimmlage der Erzählenden verändert wird. Dabei ist es nicht so wichtig, der eigentlichen Handlung exakt zu folgen, wenn deren Kern erhalten bleibt und ein roter Faden erkennbar ist. Das emotionale Erleben und Verhalten der einzelnen Charaktere steht im Vordergrund.

Variante: Von eigenen Erfahrungen erzählen

Sammeln Sie mit den Kindern mehrere Gefühlsbegriffe. Gemeinsam werden Situationen aus dem Alltag der Kinder innerhalb und außerhalb Ihrer Einrichtung zusammengetragen, in denen die genannten Gefühle von Bedeutung waren. Wie genau hat sich die Situation abgespielt, wie sind die Beteiligten mit ihren Gefühlen umgegangen?

Um die Szenen festzuhalten, können Sie diese für die Kinder aufschreiben. Sie können wiederholt vorgelesen und mit den Kindern reflektiert werden, bevor Bilder dazu gemalt werden. Jedes Kind, das sein Bild in den Kamishibai-Rahmen stellen möchte, erzählt etwas über die Situation, die es bildlich dargestellt hat.

Hintergrund

Die Tradition des Kamishibai stammt aus dem alten Japan. Bereits im 12. Jahrhundert verwendeten buddhistische Mönche Zeichnungen auf Papierrollen, um den meist analphabetischen Gläubigen moralische und religiöse Weisheiten zu vermitteln. Später reisten Süßigkeitenverkäufer auf Fahrrädern durch die Regionen und verwendeten das Kamishibai, um die Kinder durch fesselnde Geschichten zum Süßigkeitenkauf anzuregen (Schüler, 2011).

Kinder können ihre Erzählfähigkeit besonders gut ausbauen, wenn sie Geschichten nicht nur hören, sondern im Rahmen von kreativen und ästhetischen Gruppenerlebnissen gemeinsam nacherzählen oder nachspielen. Trotz Begleitung und Unterstützung durch Erwachsene können die Kinder dabei so weit wie möglich selbstständig spielen und erzählen.

Die Kinder erweitern dabei ihren Wortschatz in einem konkreten Erzählzusammenhang, der durch das Spiel veranschaulicht wird, indem die Bedeutung von Wörtern und Sätzen in Handlung umgesetzt wird. Über den Seh- und Hörsinn hinaus werden auch andere Wahrnehmungskanäle wie der Tastsinn und die emotionale Wahrnehmung angeregt. Dies ist insbesondere für Kinder wertvoll, die Deutsch als Zweitsprache erlernen. Durch unterschiedlich anspruchsvolle Rollenangebote haben alle Kinder die Möglichkeit, einen Lernfortschritt zu machen, auch in sehr heterogenen Gruppen (Maretta-Schär, 2011).

5.4.3 Erzähltheater

(in Anlehnung an Maretta-Schär, 2011)

Dauer	ca. 120–180 Minuten
Zielsetzungen	Die Förderung sprachlich-erzählerischer Fähigkeiten insbesondere im Umgang mit Gefühlen steht im Mittelpunkt der Übung. Zudem werden folgende Kompetenzen in der Übung angesprochen: • gestalterische Fähigkeiten und Feinmotorik • Darstellung von Szenen und Geschichten zusammen mit anderen Kindern in verteilten Rollen • Einfühlungsvermögen • Kooperation • Konzentrationsfähigkeit und Geduld
Benötigte Materialien und Vorbereitung	• eine beliebige Geschichte zum Vorlesen, in der es um Gefühle/den Umgang mit Gefühlen geht • Mal- und Bastelmaterial • für die Bühne: eine ebene Fläche (Pappe, alte Plakate), Schuhkartons, Tücher zum Aufhängen • Puppen, Stofftiere (z. B. Resi und Ralf) oder selbst gebastelte Figuren
	Es wird keine aufwendige Bühneninstallation benötigt. Ein Tisch, Schuhkartons, hängende Tücher oder der Kamishibai-Rahmen dienen als Bühne. Figürlich wirkende Materialien oder Alltagsgegenstände (z. B. Waschlappen) können durch ein paar Handgriffe zu Personen oder Tieren umfunktioniert werden.
	Das Puppentheater eignet sich am besten zur Durchführung mit einer Kleingruppe.

Durchführung

Lesen Sie den Kindern eine Geschichte vor, in der es um das Thema Gefühle und den Umgang mit Gefühlen geht. Sie können mit den Kindern zu diesem Thema auch selbst eine Resi-Geschichte entwickeln. Resi und Ralf könnten z. B. eine Reise unternehmen und unterwegs ihren Freunden begegnen, mit denen sie unterschiedliche (Gefühls-)Erlebnisse haben.

> **Überlegen Sie gemeinsam mit den Kindern:**
>
> *Was erlebt die Hauptfigur in der Geschichte?*
>
> *Welche Gefühle sind damit verbunden?*

Wenn die Handlung der Geschichte bzw. der ausgewählten Szenen für alle Kinder greifbar geworden ist, kann das Schauspiel vorbereitet werden. Überlegen Sie gemeinsam mit den Kindern, welche Schritte notwendig sind:

- *Bühnenaufbau und Gestaltung der Spielfläche:* Welche „Bauwerke" und anderen Utensilien werden für die einzelnen Szenen benötigt?
- *Rollenvergabe:* Wer übernimmt welche Rolle? Gegebenenfalls werden Lose gezogen. Werden die Spielfiguren gebastelt, so gestaltet jedes Kind die Spielfigur für seine Rolle selbst.
- *Töne und musikalische Untermalung:* Bietet es sich an, für manche Szenen Musik oder andere Klänge einzusetzen?

Eine produktive Arbeitsteilung hängt vom Alter der Kinder und der Größe der Gruppe ab. Die Kinder sollen möglichst selbstständig arbeiten, im Idealfall füllen sie die Handlung und deren gestalterische Umsetzung mit eigenen Ideen aus.

Beim Nachspielen der Geschichte ist es nicht so wichtig, der eigentlichen Handlung exakt zu folgen, wenn deren Kern erhalten bleibt und ein roter Faden erkennbar ist. Das emotionale Erleben und Verhalten der einzelnen Charaktere steht im Vordergrund. Durch „Soufflieren" können sich die Kinder untereinander bei der Aufführung unterstützen. Die Geschichte kann mehrfach gespielt werden, auch in abgewandelter bzw. erweiterter Form.

Variante: *Tuchtheater*

Bei dieser Variation besteht die Bühne nicht aus einer waagrechten Fläche, sondern aus einem hängenden Tuch. Am besten eignen sich dafür Stoffe, die bemalt oder auch beklebt werden können, wie alte Bettlaken oder Vorhänge aus Baumwolle. Für manche Szenen können auch farbige Textilien mit besonderen Eigenschaften verwendet werden, z. B. wallende Seidenstoffe in Blau- und Grüntönen für Unterwasserszenen.

Die Figuren können selbst gebastelte Hand- oder Stabpuppen sein, welche die Bühne „betreten", indem sie durch vorgefertigte Öffnungen im Stoff gesteckt werden. Beim Tuchtheater muss die Szenerie an die Tatsache angepasst werden, dass die Figuren und Gegenstände anders bewegt werden müssen und weniger flexibel positioniert werden können als beim Puppentheater.

Die Besonderheit beim Tuchtheater besteht darin, dass die Kinder nicht vor dem Tuch stehen, um ihre Figuren zu bewegen. Sie verstecken sich hinter dem Tuch und stecken ihre Hand- oder Stabpuppen durch die vorbereiteten Öffnungen im Stoff. Die Figuren werden so geführt, dass die Hände der Kinder dabei nicht zu sehen sind.

Eine wesentliche Herausforderung für die Kinder ist es beim Tuchtheater, dass sie ihre Rolle also spielen müssen, ohne dabei ihre Figur zu sehen und das Geschehen auf der Bühne beobachten zu können. In den vollen Genuss des Schauspiels kommen nur die Zuschauerinnen und Zuschauer vor dem Tuch. Die Mimik und Gestik der Kinder bleiben dem Publikum verborgen, dies muss durch sprachlichen Ausdruck ausgeglichen werden.

> **Hintergrund**
>
> Die Kinder sind in dieser Übung aktiv in die Gestaltung und Entwicklung der Theateraufführung einbezogen. Jedes Kind übernimmt eine Rolle in der Geschichte oder Szene und gestaltet selbst die Figur dazu. Bei der Herstellung der Bühne und der Figuren aus Bastel-, Natur-, Wegwerf- oder Recyclingmaterialien und Haushaltsgegenständen sind der Einfallsreichtum und die Fantasie der Kinder gefragt.
>
> Die Eigenproduktion fordert die kindliche Kreativität und Vorstellungskraft heraus und fördert das Symboldenken. Zu selbst hergestellten Produkten können die Kinder einen persönlicheren Bezug herstellen als zu gekauften Puppen und Bildkarten und erfahren eine Wertschätzung ihrer Arbeit, wenn ihre Werke zum Einsatz kommen. Die Kinder können sich mit Hilfe der Puppen oder Bilder auf die sprachlich-erzählerische Ebene konzentrieren, anstatt auf die körperliche Selbstdarstellung. Sie müssen sich zudem Möglichkeiten einfallen lassen, wie man mit wenigen optischen Mitteln durch Sprache viel zum Ausdruck bringt (Maretta-Schär, 2011).
>
> Das Puppentheater kann vor einem Publikum dargeboten werden (z. B. für eine andere Gruppe der Einrichtung oder die Eltern). Die Rollen werden dabei von den Kindern nicht auswendig gelernt, sondern frei gesprochen, so dass der sprachliche Ausdruck und die erzählerische Vermittlung von Inhalten geübt und ein Verständnis für die logische Abfolge von Handlungssequenzen gefördert wird.

5.5 Übersicht: Welche Kompetenzbereiche werden in welcher Übung gefördert?

Die Tabelle 5 gibt einen Überblick, welche Kompetenzen durch welche Übungen des ReSi-Programms jeweils gefördert werden. Die Übungen müssen nicht in der vorgegebenen Reihenfolge durchgeführt werden, sondern können auch zur gezielten Förderung oder Vertiefung einzeln ausgewählt werden. Die größte Wirkung kann das Programm entfalten, wenn alle Übungen durchgeführt werden.

Tabelle 5: Übersicht über die Kompetenzbereiche im ReSi-Förderprogramm

	Gefühle bei sich und bei anderen wahrnehmen und erkennen	Gefühle ausdrücken	Empathie/Gefühlslage anderer nachvollziehen	Gefühlsregulation, Impulskontrolle	Körperteile benennen	An- und Entspannung regulieren	Körpergrenzen wahrnehmen und spüren	Angenehmen und unangenehmen Kontakt unterscheiden	Grenzen im Kontakt achten und setzen	Bedürfnisse bei sich und bei anderen erkennen und ausdrücken	Kooperation und Problemlösung	Regeln kennen, einhalten und einfordern	Konfliktlösung	Soziale Ressourcen/Sicherheit und Vertrauen erfahren	um Hilfe bitten	Erfahrungen mitteilen, Erlebnisse schildern
5.1 Gefühle																
5.1.1 Katzengesichter	x	x														
5.1.2 Bildergeschichten mit Resi und Ralf I	x	x	x	x	x				x	x				x	x	x
5.1.3 Spiele mit dem Gefühlswürfel	x	x														x
5.1.4 Gefühlsgeschichten mit Resi	x	x	x													x
5.1.5 Gefühlsmemo	x	x														x
5.1.6 Fels in der Brandung	x		x													
5.1.7 Nachrichtensprecher	x	x														
5.1.8 Gefühle-Lied „Auf der Mauer …"	x	x														

Kapitel 5.5

Tabelle 5: Fortsetzung

	Gefühle bei sich und bei anderen wahrnehmen und erkennen	Gefühle ausdrücken	Empathie/Gefühlslage anderer nachvollziehen	Gefühlsregulation, Impulskontrolle	Körperteile benennen	An- und Entspannung regulieren	Körpergrenzen wahrnehmen und spüren	Angenehmen und unangenehmen Kontakt unterscheiden	Grenzen im Kontakt achten und setzen	Bedürfnisse bei sich und bei anderen erkennen und ausdrücken	Kooperation und Problemlösung	Regeln kennen, einhalten und einfordern	Konfliktlösung	Soziale Ressourcen/Sicherheit und Vertrauen erfahren	um Hilfe bitten	Erfahrungen mitteilen, Erlebnisse schildern
5.1.9 Gefühle im Spiegel	x	x														
5.1.10 Gefühle-Uhr	x	x													x	
5.1.11 Ich-bleibe-ruhig-Mikado			x									x				
5.2 Körper																
5.2.1 Mich hat ein Schnupf gestupst					x											
5.2.2 Bildergeschichten mit Resi und Ralf II	x		x							x			x			x
5.2.3 Körperumriss					x	x										
5.2.4 Waschstraße			x	x			x	x	x			x				
5.2.5 Von der Natur gestreichelt			x			x	x									
5.2.6 Verstopfung an der Fußgängerampel			x				x	x								
5.2.7 Katzenentspannung					x	x										
5.2.8 Körper-Lied „Katze Resi hat zwei …"					x											
5.2.9 Der Faxenmax		x			x											
5.2.10 Wetter auf der Haut spüren			x				x	x				x				
5.2.11 Bewegte Statuen					x	x										

Tabelle 5: Fortsetzung

	Gefühle bei sich und bei anderen wahrnehmen und erkennen	Gefühle ausdrücken	Empathie/Gefühlslage anderer nachvollziehen	Gefühlsregulation, Impulskontrolle	Körperteile benennen	An- und Entspannung regulieren	Körpergrenzen wahrnehmen und spüren	Angenehmen und unangenehmen Kontakt unterscheiden	Grenzen im Kontakt achten und setzen	Bedürfnisse bei sich und bei anderen erkennen und ausdrücken	Kooperation und Problemlösung	Regeln kennen, einhalten und einfordern	Konfliktlösung	Soziale Ressourcen/Sicherheit und Vertrauen erfahren	um Hilfe bitten	Erfahrungen mitteilen, Erlebnisse schildern
5.3 Beziehungen																
5.3.1 Menschen, die ich mag														x		
5.3.2 Bildergeschichten mit Resi u. Ralf III	x	x	x				x	x	x	x		x	x			x
5.3.3 Kitzel-Tobe-Spiel							x	x				x	x	x	x	x
5.3.4 Streng geheim?	x		x	x									x	x	x	x
5.3.5 Wie kann ich „nein" und „ja" sagen?	x	x							x	x						
5.3.6 Gegenverkehr Schlangengrube											x	x	x			
5.3.7 Wie sag ich es, wenn mich etwas …	x	x							x			x				x
5.3.8 Resi hat schlechte Laune			x	x								x	x			
5.3.9 Entspannung mit Naturmaterialien		x						x	x					x		
5.3.10 Fliegendes Ei								x	x							
5.3.11 Walderlebnistour mit Resi								x	x					x		x
5.4 Erzählen																
5.4.1 Erzähl es!											x		x	x	x	x
5.4.2 Erzählen mit Kamishibai	x	x	x								x		x			x
5.4.3 Erzähltheater	x	x	x								x		x			x

Literatur

AMYNA e.V. - Institut zur Prävention von sexuellem Missbrauch (Hrsg.). (2011). *Wirksamkeit von Maßnahmen zur Prävention und Intervention im Fall sexueller Gewalt gegen Kinder. Expertise im Rahmen des Projekts „Sexuelle Gewalt gegen Mädchen und Jungen in Institutionen*. Zugriff am 15.10.2014. Verfügbar unter https://www.dji.de/fileadmin/user_upload/sgmj/Expertise_Amyna_mit_Datum.pdf

Antonovsky, A. (1997). *Salutogenese. Zur Entmystifizierung der Gesundheit*. Tübingen: dgvt.

Bamberger, G.G. (2010). *Lösungsorientierte Beratung*. Weinheim: Beltz.

Bange, D. (2015). Gefährdungslagen und Schutzfaktoren. In J. Fegert, U. Hoffmann, E. König, J. Niehues & H. Liebhardt (Hrsg.), *Sexueller Missbrauch von Kindern und Jugendlichen. Ein Handbuch zur Prävention und Intervention für Fachkräfte im medizinischen, psychotherapeutischen und pädagogischen Bereich* (S. 103-107). Berlin: Springer.

Bange, D. & Enders, U. (2012). Wir sind nicht die einzigen. In U. Enders (Hrsg.), *Grenzen achten. Schutz vor sexuellem Missbrauch in Institutionen* (S. 15-29). Köln: Kiepenheuer & Witsch.

Bauer, J. (2012). Spiegelneurone. Nervenzellen für das intuitive Verstehen sowie für das Lehren und Lernen. In R. Caspary (Hrsg.), *Lernen und Gehirn. Der Weg zu einer neuen Pädagogik* (S. 36-53). Freiburg: Herder.

Bayerisches Staatsministerium für Arbeit und Soziales, Familie und Frauen & Staatsinstitut für Frühpädagogik (2016). *Der Bayerische Bildungs- und Erziehungsplan für Kinder in Tageseinrichtungen bis zur Einschulung*. Berlin: Cornelsen Skriptor.

Beelmann, A. (2006). Wirksamkeit von Präventionsmaßnahmen bei Kindern und Jugendlichen: Ergebnisse und Implikationen der integrativen Erfolgsforschung. *Zeitschrift für Klinische Psychologie und Psychotherapie, 35*, 151-162. http://doi.org/10.1026/1616-3443.35.2.151

Beelmann, A., Pfost, M. & Schmitt, C. (2014). Prävention und Gesundheitsförderung bei Kindern und Jugendlichen. Eine Meta-Analyse der deutschsprachigen Wirksamkeitsforschung. *Zeitschrift für Gesundheitspsychologie, 22*, 1-14. http://doi.org/10.1026/0943-8149/a000104

Bender, D. & Lösel, F. (2002). Risiko- und Schutzfaktoren in der Ätiologie und Bewältigung von Misshandlung und Vernachlässigung. In D. Bange & W. Körner (Hrsg.), *Handwörterbuch Sexueller Missbrauch* (S. 493-501). Göttingen: Hogrefe.

Bender, D. & Lösel, F. (2016). Risikofaktoren, Schutzfaktoren und Resilienz bei Misshandlung und Vernachlässigung. In U. Egele, P. Joraschky, A. Lampe, I. Seiffge-Krenke & M. Cierpka (Hrsg.), *Sexueller Missbrauch, Misshandlung, Vernachlässigung. Erkennung, Therapie und Prävention der Folgen früher Stresserfahrungen* (S. 77-103). Stuttgart: Schattauer.

Bengel, J. & Mack, J. (2015). Posttraumatische (persönliche) Reifung aus der Perspektive der Resilienzforschung. In Bundeszentrale für gesundheitliche Aufklärung (BZgA) (Hrsg.), *Prävention und Gesundheitsförderung in Deutschland. Konzepte, Strategien und Interventionsansätze der Bundeszentrale für gesundheitliche Aufklärung*. Sonderband 01. Köln: Bundeszentrale für gesundheitliche Aufklärung.

Bengel, J., Meinders-Lücking, F. & Rottmann, N. (2009). *Schutzfaktoren bei Kindern und Jugendlichen. Stand der Forschung zu psychosozialen Schutzfaktoren für Gesundheit* (Forschung und

Praxis der Gesundheitsförderung, Bd. 35). Köln: Bundeszentrale für gesundheitliche Aufklärung.

Bengel, J. & Lyssenko, L. (2012). *Resilienz und psychologische Schutzfaktoren im Erwachsenenalter. Stand der Forschung zu psychologischen Schutzfaktoren von Gesundheit im Erwachsenenalter* (Forschung und Praxis der Gesundheitsförderung, Bd. 43). Köln: Bundeszentrale für gesundheitliche Aufklärung.

Berk, L. E. (1995). Kindliche Selbstgespräche und mentale Entwicklung. *Spektrum der Wissenschaft, 1,* 72–77.

BKA (2017). *Polizeiliche Kriminalstatistik (PKS) 2016.* Zugriff am 27.05.2017. Verfügbar unter https://www.bka.de/DE/AktuelleInformationen/StatistikenLagebilder/PolizeilicheKriminalstatistik/PKS2016/Zeitreihen/zeitreihenFaelle.html?nn=65720

Bortz, J. & Döring, N. (2006). *Forschungsmethoden und Evaluation für Human- und Sozialwissenschaftler.* Berlin: Springer. http://doi.org/10.1007/978-3-540-33306-7

Bowi, U. & Kruse, J. (2007). *Evaluation der Präventionsmaßnahme „Mein Körper gehört mir" zur Vorbeugung des sexuellen Missbrauchs an Grundschulen der Landeshauptstadt Düsseldorf Januar 2006 - Oktober 2007.* Unveröffentlichter Abschlussbericht, Heinrich-Heine Universität, Düsseldorf.

Brandt, P. (1998). *Erlebnispädagogik – Abenteuer für Kinder. Theorie und Projektideen.* Freiburg i. Breisgau: Herder.

Braun, G. (1989). *Ich sag Nein.* Mühlheim an der Ruhr: Verlag an der Ruhr.

Bundesministerium für Familie, Senioren, Frauen und Jugend (BMFSFJ) (Hrsg.). (2014). *Übereinkommen über die Rechte des Kindes.* VN Kinderrechtskonventionen im Wortlaut mit Materialien. Berlin: BMFSFJ.

Caldarella, P. & Merrell, K. W. (1997). Common dimensions of social skills of children and adolescents: A taxonomy of positive behaviors. *School Psychology Review, 26,* 264–278.

Davis, M. K. & Gidycz, C. A. (2000). Child sexual abuse prevention programs: A meta-analysis. *Journal of Clinical Child Psychology, 29,* 257–265.

Deegener, G. (2014). *Kindesmissbrauch – Erkennen, helfen, vorbeugen.* Weinheim: Beltz.

Döpfner, M., Berner, W., Fleischmann, T. & Schmidt, M. (1993). *Verhaltensbeurteilungsbogen für Vorschulkinder (VBV 3–6).* Weinheim: Beltz.

Dörr, M. (2010). Nähe und Distanz. Zum grenzwahrenden Umgang mit Kindern in pädagogischen Arbeitsfeldern. In Bundeszentrale für gesundheitliche Aufklärung (BZgA) (Hrsg.), *Forum Für Sexualaufklärung und Familienplanung 3/2010.* Köln: Bundeszentrale für gesundheitliche Aufklärung.

DuBois, D. L. & Felner, R. D. (1996). The quadripartite model of social competence: Theory and application to clinical intervention. In M. Reinecke, F. M. Datillio & A. Freeman (Eds.), *Cognitive Therapy: A casebook for clinical practice* (pp. 124–152). New York: Guilford.

Eck, M. & Lohaus, A. (1993). Entwicklung und Evaluation eines Präventionsprogramms zum sexuellen Missbrauch im Vorschulalter. *Praxis der Kinderpsychologie und Kinderpsychiatrie, 42,* 285–292.

Els, M. (2014). *Übergriffe in der Kita: Vorbeugen, erkennen und eingreifen. Ein Praxisleitfaden.* Weinheim: Beltz Juventa.

Enders, U. (Hrsg.). (2012). *Grenzen achten. Schutz vor sexuellem Missbrauch in Institutionen.* Köln: Kiepenheuer & Witsch.

Enders, U. (Hrsg.). (2008). *Zart war ich, bitter war's: Handbuch gegen sexuellen Missbrauch.* Köln: Kiepenheuer & Witsch.

Enders, U. & Kossatz, Y. (2012). Grenzverletzung, sexueller Übergriff oder sexueller Missbrauch? In U. Enders (Hrsg.), *Grenzen achten. Schutz vor sexuellem Missbrauch in Institutionen* (S. 30–53). Köln: Kiepenheuer & Witsch.

Feldmann, J., Storck, C. & Pfeffer, S. (in Druck). ReSi: Evaluation eines Programms zur Kompetenzförderung und Prävention sexuellen Missbrauchs im Kindergarten. *Praxis der Kinderpsychologie und Kinderpsychiatrie*.

Finkelhor, D. (1984). *Child sexual abuse: New theory and research*. New York: Free Press.

Finkelhor, D. (2007). Prevention of sexual abuse through educational programs directed toward children. *Pediatrics, 120*, 640–645. http://doi.org/10.1542/peds.2007-0754

Finkelhor, D. (2009). The Prevention of Childhood Sexual Abuse. *The Future of Children, 19* (2), 169–194. http://doi.org/10.1353/foc.0.0035

Firnges, C. & Amann, S. (2016). Evaluation des Theaterstücks „Trau dich! Ein starkes Stück über Gefühle, Grenzen und Vertrauen" im Rahmen der bundesweiten Initiative zur Prävention sexuellen Kindesmissbrauchs. *Bundesgesundheitsblatt, 59*, 57–65. http://doi.org/10.1007/s00103-015-2266-7

Flavell, J. H. (1979). Metacognition and cognitive monitoring: A new area of cognitive-developmental inquiry. *American Psychologist, 34* (10), 906–911. http://doi.org/10.1037/0003-066X.34.10.906

Freund, U. (2010). „Ist das eigentlich normal? Sexuelle Übergriffen unter Kindern erkennen und verhindern. *Frühe Kindheit, 3*, 47–51.

Freund, U. & Riedel-Breidenstein, D. (2016). *Sexuelle Übergriffe unter Kindern. Handbuch Prävention und Intervention*. Köln: Verlag Mebes & Noack.

Friedrich, G. & Streit, C. (2002). Was sich im Kopf abspielt. Erkenntnisse aus der Hirnforschung und ihre Bedeutung für die Elementarpädagogik. *kindergarten heute, 9*, 6–11.

Fröhlich-Gildhoff, K. & Rönnau-Böse, M. (2009). *Resilienz*. München: Ernst Reinhardt.

Fröhlich-Gildhoff, K., Nentwig-Gesemann, I. & Pietsch, S. (2011). *Kompetenzorientierung in der Qualifizierung frühpädagogischer Fachkräfte*. (WiFF-Expertise 19). München: DJI.

Fthenakis, W. (Hrsg.). (2005). *Der Bayerische Bildungs- und Erziehungsplan für Kinder in Tageseinrichtungen bis zur Einschulung*. Berlin: Cornelsen Scriptor.

Fuchshuber, A. (2017). *Mausemärchen – Riesengeschichte*. Stuttgart: Thienemann.

Goldbeck, L., Allroggen, M., Münzer, A., Rassenhofer, M. & Fegert, J. (2017a). *Sexueller Missbrauch*. Göttingen: Hogrefe. http://doi.org/10.1026/01681-000

Goldbeck, L., Allroggen, M., Münzer, A., Rassenhofer, M. & Fegert, J. (2017b). *Ratgeber Sexueller Missbrauch. Information für Eltern, Lehrer und Erzieher*. Göttingen: Hogrefe. http://doi.org/10.1026/01681-000

Goleman, D. (1997). *EQ. Emotionale Intelligenz*. München: Deutscher Taschenbuch Verlag.

Gruschka, H. & Brandt, S. (2013). *Mein Kamishibai. Das Praxisbuch zum Erzähltheater*. München: Don Bosco.

Hébert, M., Tourigny, M., Cyr, M., McDuff, P. & Joly, J. (2009). Prevalence of childhood sexual abuse and timing of disclosure in a representative sample of adults from the province of Quebec. *Canadian Journal of Psychiatry, 54*, 631–636. http://doi.org/10.1177/070674370905400908

Heckmair, B. & Michl, W. (2012). *Erleben und Lernen. Einführung in die Erlebnispädagogik*. München: Ernst Reinhardt.

Hepp, U. (2006). Trauma und Resilienz – Nicht jedes Trauma traumatisiert. In R. Welter-Enderlin & B. Hildenbrand (Hrsg.), *Resilienz – Gedeihen trotz widriger Umstände* (S. 139-157). Heidelberg: Carl Auer.

Herschelmann, M. (2009). Prävention sexueller Gewalt an Mädchen und Jungen in Grundschulen – Erfahrungen und Empfehlungen aus zehn Jahren praktischer Arbeit. *Forum Sexualaufklärung und Familienplanung, 3*, 31–37.

Hinsch, R. & Pfingsten, U. (2002). *Gruppentraining soziale Kompetenzen. GSK. Grundlagen, Durchführung, Materialien*. Weinheim: Beltz PVU.

Hüther, G. (2008). Wie lernen Kinder? Voraussetzungen für gelingende Bildungsprozesse aus neuro-biologischer Sicht. In R. Caspary (Hrsg.), *Lernen und Gehirn. Der Weg zu einer neuen Pädagogik* (S. 70–84). Freiburg: Herder.

Jacobson, E. (2002). *Entspannung als Therapie. Progressive Relaxation in Theorie und Praxis*. Stuttgart: Klett-Cotta.

Jäger, O., Knipp-Rentrop, S., Moßburger, L. & Schuh, F. (2013). *Achtung Grenze! Gewalt beginnt, wo Grenzen überschritten werden*. Nürnberg: Deutscher Kinderschutzbund Kreisverband Nürnberg e.V.

Juen, F., Bänninger Huber, E. & Peham, D. (2012). Geschlechts- und Altersunterschiede in der Emotionserkennung von Kindern und Jugendlichen. Erste Analysen mit FACS codierten Kindergesichtern. *Zeitschrift für Entwicklungspsychologie und Pädagogische Psychologie, 44* (4), 178–191. http://doi.org/10.1026/0049-8637/a000072

Jugendministerkonferenz und Kultusministerkonferenz (JMK/KMK) (2004). *Gemeinsamer Rahmen der Länder für die frühe Bildung in Kindertageseinrichtungen. (Beschluss der Jugendministerkonferenz vom 13./14.05.2004/Beschluss der Kultusministerkonferenz vom 03./04.06.2004)*. Zugriff am 08.04.2017. Verfügbar unter http://www.kmk.org/fileadmin/Dateien/veroeffentlichungen_beschluesse/2004/2004_06_03-Fruehe-Bildung-Kindertageseinrichtungen.pdf

Kanning, U.P. (2002). Soziale Kompetenz – Definition, Strukturen und Prozesse. *Zeitschrift für Psychologie, 210* (4), 154–163. http://doi.org/10.1026//0044-3409.210.4.154

Kanning, U.P. (2005). *Soziale Kompetenzen*. Göttingen: Hogrefe.

Kindler, H. (2003). *Evaluation der Wirksamkeit präventiver Arbeit gegen sexuellen Missbrauch an Mädchen und Jungen*. München: Amyna e.V.

Kindler, H. (2015). Schutzrechte für Kinder. *DJI Impulse, 3*, 10–13.

Klinkhammer, J. & Salisch, M. von (2015). *Emotionale Kompetenz bei Kindern und Jugendlichen. Entwicklung und Folgen*. Stuttgart: Kohlhammer.

Kolip, P., Ackermann, G., Ruckstuhl, B. & Studer, H. (2012). *Gesundheitsförderung mit System. quint-essenz – Qualitätsentwicklung in Projekten der Gesundheitsförderung und Prävention*. Bern: Hans Huber.

Krahé, B. & Knappert, L. (2009). A group-randomized evaluation of a theatre-based sexual abuse prevention programme for primary school children in Germany. *Journal of Community & Applied Social Psychology, 19*, 321–329.

Kuhle, L., Grundmann, D. & Beier, K. (2015). Sexueller Missbrauch von Kindern: Ursachen und Verursacher. In J. Fegert, U. Hoffmann, E. König, J. Niehues & H. Liebhardt (Hrsg.), *Sexueller Missbrauch von Kindern und Jugendlichen. Ein Handbuch zur Prävention und Intervention für Fachkräfte im medizinischen, psychotherapeutischen und pädagogischen Bereich* (S. 109–129). Berlin: Springer.

Kultusministerkonferenz (KMK) (2011). *Kompetenzorientiertes Qualifikationsprofil für die Ausbildung von Erzieherinnen und Erziehern an Fachschulen/Fachakademien (Beschluss der Kultusministerkonferenz vom 01.12.2011)*. Zugriff am 08.04.2017. Verfügbar unter http://www.kmk.org/fileadmin/Dateien/veroeffentlichungen_beschluesse/2011/2011_12_01-ErzieherInnen-QualiProfil.pdf

Kultusministerkonferenz und Jugend- und Familienministerkonferenz (KMK/JFMK) (2010). *Weiterentwicklung der Aus-, Fort- und Weiterbildung von Erziehrinnen und Erziehern – Gemeinsamer Orientierungsrahmen „Bildung und Erziehung in der Kindheit" (Beschluss der Kultusministerkonferenz vom 16.09.2010, Beschluss der Jugend- und Familienministerkonferenz vom 14.12.2010)*. Zugriff am 08.04.2017. Verfügbar unter http://www.kmk.org/fileadmin/Dateien/veroeffentlichungen_beschluesse/2010/2010_09_16-Ausbildung-Erzieher-KMK-JFMK.pdf

Laucht, M., Schmidt, G. & Esser, G. (2000). Risiko- und Schutzfaktoren in der Entwicklung von Kindern. *Frühförderung interdisziplinär, 19* (3), 97–108.

Lohaus, A. & Domsch, H. (2015). Die Förderung psychosozialer Kompetenzen im Schulalter. In E. Wild & J. Möller (Hrsg.), *Pädagogische Psychologie* (S. 421–440). Berlin: Springer.

Lohaus, A. & Domsch, H. (Hrsg.). (2009). *Psychologische Förder- und Interventionsprogramme für das Kindes- und Jugendalter*. Berlin: Springer. http://doi.org/10.1007/978-3-540-88384-5

Lösel, F. & Bender, D. (2008). Von generellen Schutzfaktoren zu spezifischen und protektiven Prozessen: Konzeptuelle Grundlagen und Ergebnisse der Resilienzforschung. In G. Opp & M. Fingerle (Hrsg.), *Was Kinder stärkt. Erziehung zwischen Risiko und Resilienz* (S. 57-78). München: Ernst Reinhardt.

Maretta-Schär, L. (2011). *Kinder spielen Tischtheater. Erzählfreude wecken. Erzählkompetenz fördern. Für Kinder von 4-8 Jahren*. Zürich: Scola Verlag.

Masten, A. S. (2001). Resilienz in der Entwicklung: Wunder des Alltags. In G. Röper, C. von Hagen & G. Noam (Hrsg.), *Entwicklung und Risiko. Perspektiven einer klinischen Entwicklungspsychologie*. Stuttgart: Kohlhammer.

Masten, A. S. (2016). *Resilienz: Modelle, Fakten & Neurobiologie. Das ganz normale Wunder entschlüsselt*. Paderborn: Junfermann.

Mayr, T. & Ulich, M. (2006). *Perik. Positive Entwicklung und Resilienz im Kindergartenalltag*. Freiburg: Herder.

Meyer, W.-U., Schützwohl, A. & Reisenzein, R. (1993). *Einführung in die Emotionspsychologie. Band I*. Bern: Hans Huber.

Ministerium für Kultus, Jugend und Sport Baden-Württemberg (Hrsg.). (2014). *Orientierungsplan für Bildung und Erziehung in baden-württembergischen Kindergärten und weiteren Kindertageseinrichtungen. Fassung vom 15. März 2011*. Freiburg: Herder.

Niedersächsisches Kultusministerium (Hrsg.). (2005). *Orientierungsplan für Bildung und Erziehung im Elementarbereich niedersächsischer Tageseinrichtungen für Kinder*. Zugriff am 08.04.2017. Verfügbar unter http://www.mk.niedersachsen.de/startseite/service/publikationen/publikationen-kindergarten--kindertagesstaetten-85728.html

Oezoğul, U. (2007). *Sprachförderung für 3- bis 7-Jährige. Ausgearbeitete Stunden und Materialien für ein ganzes Jahr*. Mühlheim an der Ruhr: Verlag an der Ruhr.

Petermann, F. & Petermann, U. (2011). Themenschwerpunkt Prävention. *Kindheit und Entwicklung, 20* (4), 197-200. http://doi.org/10.1026/0942-5403/a000056

Petermann, F. & Wiedebusch, S. (2016). *Emotionale Kompetenz bei Kindern*. Göttingen: Hogrefe. http://doi.org/10.1026/02710-000

Pfeffer, S. (2005). *Die Welt der Gefühle verstehen. Wunderfilz Arbeitsbuch No. 2*. Freiburg i. Breisgau: Herder.

Pfeffer, S. (2007). *Emotionales Lernen*. Berlin: Cornelsen Scriptor.

Pfeffer, S. (2014). Emotionale und soziale Kompetenz. In Cornelsen Verlag Scriptor (Hrsg.), *Kinder erziehen, bilden und betreuen. Lehrbuch für Ausbildung und Studium*. Berlin: Cornelsen Scriptor.

Pfeffer, S. (2017). *Sozial-emotionale Entwicklung fördern. Wie Kinder in Gemeinschaft stark werden*. Freiburg im Breisgau: Herder.

Pfeffer, S. & Göppner-Pfeffer, M. (2007). *Ich achte gern auf mich und dich. Persönlichkeit entwickeln, Gemeinschaft leben*. Freiburg im Breisgau: Herder.

Pfingsten, U. (2009). Soziale Kompetenzen. In A. Lohaus & H. Domsch (Hrsg.), *Psychologische Förder- und Interventionsprogramme für das Kinder- und Jugendalter* (S. 158-174). Heidelberg: Springer Medizin Verlag.

Polizeiliche Kriminalprävention (2014). *Opferinformation/Sexueller Missbrauch von Kindern*. Zugriff am 28.12.2014. Verfügbar unter http://www.polizei-beratung.de/opferinformationen/sexueller-missbrauch-von-kindern/tipps.html

Reppucci, N. D. & Haugaard, J. (1989). Prevention of child sexual abuse: myth or reality. *American Psychologist, 44*, 1266-1275.

Rispens, J., Aleman, A. & Goudena, P. P. (1997). Prevention of child sexual abuse victimization: A meta-analysis of school programs. *Child Abuse & Neglect, 21*, 975–987. http://doi.org/10.1016/S0145-2134(97)00058-6

Rönnau-Böse, M. & Fröhlich-Gildhoff, K. (2015). *Resilienz und Resilienzförderung über die Lebensspanne.* Stuttgart: Kohlhammer.

Rose-Krasnor, L. (1997). The nature of social competence: A theoretical review. *Social Development, 6*, 111–135. http://doi.org/10.1111/j.1467-9507.1997.tb00097.x

Saarni, C. (1990). Emotional competence: How emotions and relationships become integrated. In R. Thompson (Ed.), *Nebraska Symposium on Motivation 1988: Socioemotional Development* (pp. 115–182). Lincoln: University of Nebraska Press.

Salovey, P. & Mayer, J. (1990). Emotional intelligence. *Imagination, cognition and personality, 9* (3), 185–211. http://doi.org/10.2190/DUGG-P24E-52WK-6CDG

Scheithauer, H. & Petermann, F. (1999). Zur Wirkungsweise von Risiko- und Schutzfaktoren in der Entwicklung von Kindern und Jugendlichen. *Kindheit und Entwicklung, 8* (1), 3–14. http://doi.org/10.1026//0942-5403.8.1.3

Schröttle, M., Hornberg, C., Glammeier, S., Sellach, B., Kavemann, B., Puhe, H. & Zinsmeister, J. (2012). Lebenssituation und Belastungen von Frauen mit Beeinträchtigungen und Behinderungen in Deutschland. *Journal Netzwerk Frauen- und Geschlechterforschung NRW, 30*, 60–64.

Schüler, H. (2011). *Sprachkompetenz durch Kamishibai Erzähltheater.* Dortmund: KreaShibai Erzähltheater.

Sethi, D., Bellis, M. A., Hughes, K., Gilbert, R., Mitis, F. & Galea, G. (2013). *European report on preventing child maltreatment.* Copenhagen: World Health Organisation Regional Office for Europe.

Shapiro, L. E. (1998). *EQ für Kinder. Wie Eltern die Emotionale Intelligenz ihrer Kinder fördern können.* München: dtv.

Staedtler, L., Bieneck, S. & Pfeiffer, C. (2012). *Repräsentativbefragung sexueller Missbrauch 2011* (kfn Forschungsbericht 118). Hannover: Kriminologisches Forschungsinstitut Niedersachsen e. V.

Topping, K. J. & Barron, I. G. (2009). School-based child sexual abuse prevention programs: A review of effectiveness. *Review of Educational Research, 79*, 431–463. http://doi.org/10.3102/0034654308325582

Ulich, M. & Mayr, T. (2003). *Sismik. Sprachverhalten und Interesse an Sprache bei Migrantenkindern in Kindertageseinrichtungen (Beobachtungsbogen und Begleitheft).* Freiburg im Breisgau: Herder.

Ulich, M. & Mayr, T. (2006a). *Sismik – Sprachverhalten und Interesse an Sprache bei Migrantenkindern in Kindertageseinrichtungen. Begleitheft zum Beobachtungsbogen SISMIK und Beobachtungsbogen.* Freiburg im Breisgau: Herder.

Ulich, M. & Mayr, T. (2006b). *Seldak. Sprachentwicklung und Literacy bei deutschsprachig aufwachsenden Kindern (Beobachtungsbogen und Begleitheft).* Freiburg im Breisgau: Herder.

Unabhängige Kommission zur Aufarbeitung sexuellen Kindesmissbrauchs (2017). *Zahlen und Fakten zu sexueller Gewalt.* Zugriff am 17.04.2017. Verfügbar unter https://www.aufarbeitungskommission.de/wp-content/uploads/2017/01/PM_3101Zahlen-und-Fakten_sexuelle-Gewalt.pdf

Unabhängiger Beauftragter für Fragen des sexuellen Kindesmissbrauchs (2014). *Empfehlungen für Fachkräfte für den Umgang mit Verdachtsfällen. Kampagne „Kein Raum für Missbrauch – Informationen für Fachkräfte.* Zugriff am 30.12.2014. Verfügbar unter https://www.kein-raum-fuer-missbrauch.de/informationen

Vierhaus, M. (2009). Sexualität. In A. Lohaus & H. Domsch (Hrsg.), *Psychologische Förder- und Interventionsprogramme für das Kindes- und Jugendalter* (S. 200–211). Heidelberg: Springer Medizin Verlag.

Wagner, M. (2011). *Natur-Erlebnis-Spiele für Kita, Hort und Schule*. Freiburg im Breisgau: Herder.

Wanzeck-Sielert, C. (2010). Sexualkunde und Selbstbehauptungstrainings in Kindergarten und Grundschule. Ansätze und Einschätzungen aus sexualpädagogischer Sicht. In Bundeszentrale für gesundheitliche Aufklärung (BZgA) (Hrsg.), *FORUM online. Sexualaufklärung, Verhütung, Familienplanung, 3/2010*. Zugriff am 25.05.2017. Verfügbar unter https://www.forum.sexualaufklaerung.de/index.php?docid=1353

Werner, E. E. (2011). Risiko und Resilienz im Leben von Kindern aus multiethnischen Familien. In M. Zander (Hrsg.), *Handbuch Resilienzförderung* (S. 32–46). Wiesbaden: Springer VS.

Werner, E. E. (2000). Protective factors and individual resilience. In J. P. Shonkoff & S. J. Meisels (Eds.), *Handbook of early childhood intervention* (pp. 115–132). Cambridge: Cambridge University Press.

Werner, E. E. (2008). Entwicklung zwischen Risiko und Resilienz. In G. Opp & M. Fingerle (Hrsg.), *Was Kinder stärkt. Erziehung zwischen Risiko und Resilienz* (S. 20–31). München: Ernst Reinhardt.

Wolff, M., Schröer, W. & Fegert, J. M. (Hrsg.). (2017). *Schutzkonzepte in Theorie und Praxis. Ein beteiligungsorientiertes Werkbuch*. Weinheim: Beltz.

World Health Organization (Ed.). (1946). *Constitution*. Genf: WHO.

World Health Organization (Ed.). (1986). Ottawa charter for health promotion. *Journal of Health Promotion, 1,* 1–4.

World Health Organization (Ed.). (1994). *Life Skills Education in schools*. Genf: WHO.

Wustmann-Seiler, C. (2014). Resilienz. In R. Pousset (Hrsg.), *Handwörterbuch Frühpädagogik* (S. 389–391). Berlin: Cornelsen.

Wustmann, C. (2009). *Resilienz. Widerstandsfähigkeit von Kindern in Tageseinrichtungen fördern*. Berlin: Cornelsen Skriptor.

Wygotski, L. S. (1986). *Denken und Sprechen*. Frankfurt am Main: Fischer.

Wygotski, L. S. (1991). *Ausgewählte Schriften II. Arbeiten zur psychischen Entwicklung der Persönlichkeit*. Köln: Pahl-Rugenstein.

Zander, M. (2010). *Armes Kind – starkes Kind? Die Chance der Resilienz*. Wiesbaden: Springer VS. http://doi.org/10.1007/978-3-531-92456-4

Zietlow, B. (2010). Sexueller Missbrauch in Fallzahlen der Kriminalstatistik. In Bundeszentrale für gesundheitliche Aufklärung (BZgA) (Hrsg.), *Forum für Sexualaufklärung und Familienplanung 3/2010* (S. 7–12). Köln: Bundeszentrale für gesundheitliche Aufklärung.

Zwi, K., Woolfenden, S., Wheeler, D. M., O'Brien, T., Tait, P. & Williams, K. J. (2007). School-based education programmes for the prevention of child sexual abuse. *Cochrane Database of Systematic Reviews, 3*. http://doi.org/10.1002/14651858.CD004380.pub2

Gesetzestexte

§ 174 StGB Sexueller Mißbrauch von Schutzbefohlenen. Zugriff am 15.04.2017. Verfügbar unter https://dejure.org/gesetze/StGB/174.html

§ 176 StGB Sexueller Mißbrauch von Kindern. Fassung vom 21.01.2015. Zugriff am 15.04.2017. Verfügbar unter https://dejure.org/gesetze/StGB/176.html

§ 176a StGB Schwerer sexueller Mißbrauch von Kindern. Fassung vom 21.01.2015. Zugriff am 15.04.2017. Verfügbar unter https://dejure.org/gesetze/StGB/176a.html

§ 176b StGB Sexueller Mißbrauch von Kindern mit Todesfolge. Fassung vom 21.01.2015. Zugriff am 15.04.2017. Verfügbar unter https://dejure.org/gesetze/StGB/176b.html

§ 183 Exhibitionistische Handlungen. Fassung vom 21.01.2015. Zugriff am 15.04.2017. Verfügbar unter https://dejure.org/gesetze/StGB/183.html

§ 184h StGB Begriffsbestimmungen. Zugriff am 15.04.2017. Verfügbar unter https://dejure.org/gesetze/StGB/184h.html

Anhang

Materialien auf der CD-ROM	
1. ReSi-Klatschspiel (Video) 2. Bilderbuch „Bildergeschichten mit Resi und Ralf" 3. ReSi-Mimikkarten 4. ReSi-Körperplakate 5. ReSi-Körperkarten 6. ReSi-Geheimniskarten und ReSi-Situationskarten	
Bezugsquellen für zusätzlich benötigte Materialien	
Handpuppe „Resi" (rot-getigerte Stoffkatze)	z. B. Tierpuppen, 2845 – Kätzchen orange-braun von Folkmanis® (www.folkmanis.de)
Stofftier „Ralf" (grau-getigerte Stoffkatze)	z. B. LILLEPLUTT, Stofftier, Katze grau, weiß von IKEA (www.ikea.com)
Gefühlswürfel (Schaumstoffwürfel mit sechs Klarsichttaschen)	z. B. Pocket Cube (Taschenwürfel) blau (Artikel-Nr.: LS9 21) von Lernspielkiste (www.lernspielkiste.de)

Lutz Goldbeck /
Marc Allroggen /
Annika Münzer /
Miriam Rassenhofer /
Jörg M. Fegert
Sexueller Missbrauch

Lutz Goldbeck /
Marc Allroggen /
Annika Münzer /
Miriam Rassenhofer /
Jörg M. Fegert
Ratgeber Sexueller Missbrauch
Informationen für Eltern, Lehrer und Erzieher

(Reihe: „Leitfaden Kinder- und Jugendpsychotherapie", Band 21)
2017, XVI/138 Seiten, € 24,95 / CHF 32.50
(Im Reihenabonnement € 17,95 / CHF 24.50)
ISBN 978-3-8017-1680-6
Auch als eBook erhältlich

Handlungsempfehlungen für das Erkennen sexuellen Missbrauchs und den Umgang mit Verdachtsfällen.

(Reihe: „Ratgeber Kinder- und Jugendpsychotherapie", Band 21). 2017,
47 Seiten, Kleinformat, € 8,95 / CHF 11.90
ISBN 978-3-8017-1681-3
Auch als eBook erhältlich

Der Ratgeber beschreibt, was sexueller Missbrauch genau ist und wie Kinder und Jugendliche vor Missbrauch geschützt werden können. Zudem informiert er über Hilfs- und Behandlungsmöglichkeiten.

Pia Bienstein /
Katharina Urbann /
Karla Verlinden
Prävention sexuellen Missbrauchs an Kindern und Jugendlichen mit Behinderung
Das Trainingsprogramm „Stark mit Sam"

Marc Allroggen /
Jelena Gerke /
Thea Rau /
Jörg M. Fegert
Umgang mit sexueller Gewalt in Einrichtungen für Kinder und Jugendliche
Eine praktische Orientierungshilfe für pädagogische Fachkräfte

(Reihe: „Therapeutische Praxis"). 2017,
ca. 150 Seiten, Großformat, inkl. CD-ROM,
ca. € 39,95 / CHF 48.50
ISBN 978-3-8017-2752-9
Auch als eBook erhältlich

Das erste wissenschaftlich evaluierte Training zur Prävention sexuellen Missbrauchs an Kindern und Jugendlichen mit Behinderung.

2018, 110 Seiten, € 19,95 / CHF 26.90
ISBN 978-3-8017-2839-7
Auch als eBook erhältlich

Handlungsempfehlungen zum Umgang mit sexualisierter Gewalt in pädagogischen Einrichtungen.

www.hogrefe.com

Franz Petermann /
Silvia Wiedebusch
(Hrsg.)
Praxishandbuch Kindergarten
Entwicklung von Kindern verstehen und fördern

2017, 543 Seiten, geb., € 49,95 / CHF 65.00
ISBN 978-3-8017-2714-7
Auch als eBook erhältlich

Das Praxishandbuch Kindergarten vermittelt die wichtigsten entwicklungspsychologischen Grundlagen. Es werden Verfahren zur Entwicklungsbegleitung sowie Förderansätze in den verschiedenen Bildungsbereichen vorgestellt.

Franz Petermann /
Nicole Gust
Emotionale Kompetenzen im Vorschulalter fördern
Das EMK-Förderprogramm

2016, 74 Seiten, Großformat, inkl. CD-ROM,
€ 59,95 / CHF 75.00
ISBN 978-3-8017-2794-9
Auch als eBook erhältlich

Das Gruppenprogramm dient der gezielten Förderung emotionaler Kompetenzen bei Vorschulkindern im Alter von drei bis sechs Jahren und wurde speziell für den Einsatz in Kindergärten entwickelt.

Françoise D. Alsaker
Mutig gegen Mobbing
in Kindergarten und Schule

2., unveränd. Aufl. 2017, 272 Seiten,
€ 29,95 / CHF 39.90
ISBN 978-3-456-85667-4
Auch als eBook erhältlich

„Mutig gegen Mobbing" legt den heutigen Kenntnisstand umfassend dar – und präsentiert ein wissenschaftlich fundiertes sowie in der Praxis erprobtes Programm gegen Gewalt in Kindergärten und Schulen. Es bietet Fachpersonen wie Lehrerinnen, Psychologinnen und Sozialarbeitern sowie Eltern ein umfangreiches Instrumentarium, um präventiv gegen Mobbing vorzugehen und bei Mobbing erfolgreich zu intervenieren.

Klaus Sarimski
Soziale Risiken im frühen Kindesalter
Grundlagen und frühe Interventionen

2013, 172 Seiten,
€ 24,95 / CHF 35.50
ISBN 978-3-8017-2417-7
Auch als eBook erhältlich

Kinder in Armutslagen sowie Kinder von jugendlichen Müttern oder von psychisch kranken, alkohol- oder drogenabhängigen Eltern wachsen in belasteten Lebenssituationen auf. Der Band beschreibt die Auswirkungen dieser Lebenssituationen auf die frühkindliche Entwicklung und stellt Möglichkeiten für frühe Interventionsmaßnahmen vor

www.hogrefe.com